DİYANET İŞLERİ BAŞKANLIĞI YAYINLARI - 1099
Halk Kitapları : 260

Yayın Koordinatörü
Yunus AKKAYA

Tashih
Mustafa YEŞİLYURT

Grafik & Tasarım
Emre YILDIZ
Mücella TEKİN

Baskı
Korza Yay. Basım San. Tic. A.Ş.
Tel.: 0.312 342 22 08

1. Baskı
Ankara 2015

ISBN 978-975-19-6332-1
2015-06-Y-0003-1099
Sertifika No: 12930

Eser İnceleme Komisyon Kararı: 17.02.2015/32

© Diyanet İşleri Başkanlığı
İletişim:
Dini Yayınlar Genel Müdürlüğü
Basılı Yayınlar Daire Başkanlığı
Tel: (0 312) 295 72 93 - 94
Faks: (0 312) 284 72 88
e-posta: diniyayinlar@diyanet.gov.tr

Hz. Peygamber ve Birlikte Yaşama Ahlakı

İçindekiler

7	**SUNUŞ** *Prof. Dr. Mehmet GÖRMEZ*
13	**BİRLİKTE YAŞAMA İRADE VE AHLAKININ DİNÎ TEMELLERİ** *Prof. Dr. Ali BARDAKOĞLU*
23	**İSLAM'DA BİRLİKTE YAŞAMANIN AHLAKİ TEMELLERİ** *Prof. Dr. Mustafa ÇAĞRICI*
37	**ASR-I SAADETTE BİRLİKTE YAŞAMA AHLAKI BAZI TESPİTLER VE ÖRNEKLER** *Prof. Dr. Raşit KÜÇÜK*
53	**İRFÂN GELENEĞİNDE BİRLİKTE YAŞAMA** *Prof. Dr. H. Kâmil YILMAZ*
63	**HEPİNİZ ÂDEM'DENSİNİZ ÂDEM İSE TOPRAKTAN** *Dr. Ekrem KELEŞ*
73	**HESABINI VEREBİLECEK MİYİZ?** *Dr. Ülfet GÖRGÜLÜ*
83	**BİR ARADA YAŞAMAK İÇİN: MERHAMET** *Prof. Dr. Kemal SAYAR*
91	**KARDEŞİME MEKTUP** *A. Ali URAL*
101	**ÇAĞDAŞ DÜNYADA BİRLİKTE YAŞAMA** *Prof. Dr. Ejder OKUMUŞ*

115 OSMANLI İMPARATORLUĞUNDA BİRLİKTE YAŞAMA KÜLTÜRÜ ÜZERİNE BİR VAKIA ÇALIŞMASI: 19. YY'DA BAĞDAT EYALETİ
　Dr. Nurcan ÖZKAPLAN YURDAKUL

Ülkemize, gönül coğrafyamıza ve insanlığa barış, huzur, esenlik, merhamet, şefkat, adalet ve fazilet aşılamanın yolu, birlikte yaşama hukukunu ve ahlakını yeniden yaşanır kılmaktan geçmektedir.

Sunuş

Prof. Dr. Mehmet GÖRMEZ
Diyanet İşleri Başkanı

Rahman ve Rahim olan Allah'ın adıyla.

Modern zamanlarda âdeta küresel bir köye dönüşen dünyamızda bilim ve teknoloji alanında baş döndürücü gelişmeler yaşandı. Ulaşım hizmetlerinde büyük kolaylıklar sağlandı. Kitle iletişim araçları olabildiğince yaygınlaştı. İş, ticaret, eğitim ve benzeri amaçlarla gerçekleştirilen seyahatler gittikçe çoğaldı. Dünya nüfusu 8 milyarı aştı. Köyden kente göçün durmaksızın devam etmesi neticesinde yerküremizde milyonların yaşadığı metropoller, megapoller oluştu.

Bu arada modern dünya, tarihî tecrübeleri fazla dikkate almadan kendi değerler dünyasını inşa etti. Bu değerler dünyası içinde kendi hayat tarzını, kurumlarını, insan ilişkilerini, dilini üretti. Geçmişe dair ne varsa, bugüne dair ne elde ettiyse hepsini bu yeni zihniyete arz etti. Ancak hayata bakışı hikmet ve merhamet değil, güç ve menfaat eksenliydi. Bu yüzden pozitivizm ve hümanizmin görece dünyası içinde sürekli bir çatışma kültürü meydana geldi. Birinci ve İkinci Dünya Savaşları, soğuk savaş dönemleri, Ortadoğu, Balkanlar ve Kafkaslarda yaşanan trajediler, insanlığın son asırlarda yaşadığı büyük acılardır. Bilhassa son yıllarda Arakan'da, Filistin'de, Irak'ta, Suriye'de ve Yemen'de yaşanmakta olan şiddet ve çatışma ortamı insanlığın vicdanını sızlatmaya devam etmektedir. Tüm bu savaş, çatışma, işgal ve soykırımlar nedeniyle zorunlu yer değiştirmeler ve göçler yaşandı ve hâlen de yaşanmaya devam ediyor.

Dünyanın sınır kavramını unuttuğu ve alabildiğince çalkalanıp alt üst olduğu günümüzde, farklı din, dil, ırk, renk, ülke, kültür, inanç, mezhep ve meşrebe sahip insanlar, tarihte hiç görülmemiş bir yoğunlukta bir arada yaşamaya başladı. Küresel ölçekte bilimsel, teknolojik, ekonomik, siyasi, dinî ve kültürel etkileşimler yaşandı. Bu durum pek çok problemin yanında "öteki" problemini, yani ötekini tanıma, kabullenme ve onunla bir arada yaşama problemini beraberinde getirdi. Artık aynı toprağı, suyu, havayı paylaşan insanlar arasında saygıya dayalı sağlıklı bir iletişim örüntüsü kurmak; kendi yaşamı adına diğerinin yaşama hakkını elinden almayan, hukuka ve ahlaka riayet ederek birlikte yaşamayı başarabilen toplumlar inşa etmek gerekiyordu.

Her ne kadar insanlık birlikte yaşama konusunda ciddi bir birikime sahip olsa da, sürekli demokrasiden, insan hak ve özgürlüklerinden, çoğulculuktan ve çok kültürlülükten söz edilse de, dünyamızda medeniyetler, dinler ve kültürler arasında çatışma senaryoları, yabancı düşmanlığı, ırkçılık, ayrımcılık, ötekileştirme, asimilasyon ve izolasyon politikaları bir türlü sona erdirilemedi. Savaşlar, işgaller, şiddet ve terör eylemleri, çatışmalar, istibdatlar, soykırımlar, sömürgecilik ve zulüm durmaksızın devam etti.

Her ne kadar farklılıklardan kaynaklanması muhtemel çatışmaların önlenmesi adına uluslararası sözleşmeler imzalanmış, uluslararası kurum ve kuruluşlar ihdas edilmişse de bütün bu girişimler, dünyamızdaki farklılıkların tamamını kuşatmadığı ve de dinî, ahlaki ve kültürel alt yapı ile desteklenmediği için barış, huzur ve kardeşlik yolunda istenen neticeler bir türlü alınamadı.

Dolayısıyla bugün birlikte yaşama konusunda genelde insanlığın özelde ise Müslüman toplumların karşılaştıkları sorunların çözümü için seferber olunmasına; dinlerin, özellikle de son hak din olan İslam'ın bakış açısının ortaya konmasına; tarih boyunca Müslümanların bu konuda geliştirdikleri hukukun bilinmesine; tarihî tecrübenin günümüze yansıtılmasına ve birlikte yaşama ahlakı konusunda bir bilinç oluşturulmasına ihtiyaç vardır.

Hiç şüphesiz İslam, farklılıkların bir arada barış ve huzur içinde yaşamalarına dair ahlak ve hukuk ilkelerini belirlemiş yegâne dindir. İslam'ın "öteki" anlayışı, farklılıkların bir kimlik olarak muhafaza edilip yaşatılmasını öngörür. Kur'ân-ı Kerîm, farklılıkları Allah'ın ayetleri olarak değerlendirir (Rûm, 30/20) ve insanların kavimlere, kabilelere, ırklara ayrılmasının hikmetini "teâruf" kavramıyla izah eder (Hucurat, 49/13). Buna göre yeryüzünde dillerin, renklerin, etnik yapıların farklı farklı oluşu, ötekini tanıma, bilme ve kabullenme anlamına gelen teârufu gerektirir. İnsan, farklılıkların ilahî kudretin, hikmetin ve sınavın birer parçası olduğunu (Mâide, 5/48) idrak etmeli, erdemli ve faziletli bir duruşla bir arada yaşama hedefine ulaşabilmelidir.

Hz. Peygamber (s.a.s.) zamanından günümüze İslam toplumları, Müslüman olmayan toplumlarla ilişkilerinde her zaman belli ölçüleri gözetmiştir. Bu ölçüleri belirleyen bizzat Kur'an ve Hz. Peygamberin (s.a.s.) sünnetidir. Kerîm Kitabımızda dini kabul noktasında insanlara baskı yapılmasını yasaklayan ayetler bulunması (Bakara, 2/256; Yunus, 10/99; Kehf, 18/29), başka din ve inanç mensuplarına anlayış gösterilmesini gerekli kılmaktadır. Allah Resûlü (s.a.s.) döneminde Hristiyanlarla ilk ilişkiler, Müslümanların Habeşistan'a hicretiyle; Yahudilerle ilk ilişkiler ise bizzat Hz. Peygamberin (s.a.s.) Medine'ye hicretiyle başlamıştır. Medine İslam toplumunda üç ilahî dinin mensupları arasında örnek ilişkiler kurulmuş, anlaşmalar imzalanmış, birlikte yaşama hukuku geliştirilmiş ve bu hukuk Medine Vesikası ile yazılı hâle getirilmiştir. Ayrıca Hz. Peygamber (s.a.s.) ve Hulefa-i Raşidin döneminde Müslüman olmayanlar, azınlık statüsünde değerlendirilmeyip aslî unsur olarak kabul edilmiş, yapılan anlaşmalarda her ferde din ve vicdan hürriyeti tanındığı açık bir şekilde belirtilmiştir. Buna göre dinî eğitim, öğretim, ayin ve ibadetler ile mabetler, inanç hürriyetinin gereği olarak hukukun güvencesi altına alınmıştır.

Hz. Peygamber (s.a.s.) ve ashabının temellerini attıkları birlikte yaşama hukuku tek taraflı bir süreçte gelişmemiş, diğer din mensuplarının da bu anlayışa katkıları olmuş, bu sayede başta Anadolu olmak üzere Endülüs'ten Hindistan'a, Afrika'dan Asya'ya İslam coğrafyasının dört bir köşesinde örnek toplum modelleri ortaya konulmuştur. Farklı millet, kültür ve dinlerin kavşak noktaları olarak nitelendirebileceğimiz Kudüs, Şam, Bağdat, Kahire, İskenderiye, Kurtuba, Üsküp, Saray Bosna, Antakya, Edirne, Bursa, Mardin, İstanbul gibi İslam şehirleri, hoşgörünün, anlayışın, saygının hüküm sürdüğü huzur ve barış merkezleri olmuşlardır.

Üzülerek belirtelim ki, birlikte yaşama kültürüne dair teorik ve pratik birikimimize rağmen bugün hâlâ farklılıkları kabullenme meselesi, en büyük toplumsal problemlerimizden birisidir. Hâkim gücün farklılıkları aza indirme, hatta tamamen kaldırmaya yönelik gizli ya da açık baskısı küresel bir mesele olarak karşımızdadır. Batı toplumlarında var olan "farklılıklarla birlikte yaşama zafiyeti" Müslümanlara karşı İslamofobi kaynaklı nefret söylemleri, ayrımcılık politikaları ve camilere yönelik saldırı girişimleri ile gün yüzüne çıkarken, İslam toplumlarında da mezhepçilik, meşrepçilik, ırkçılık, ideolojik ayrımcılık sebebiyle iç çatışmalar yaşanmakta, masum canlar katledilmekte, şehirlerin tarihî ve kültürel dokusu yok edilmektedir.

Her türlü olumsuzluğa, saldırıya, oyuna, strateji ve plana rağmen Müslümanlar olarak, Kur'an-ı Kerim'in ve Son Peygamberin (s.a.s.) çağlar üstü örnekliğini esas almakla mükellef olduğumuzu burada bir defa daha hatırlamakta fayda mülahaza ediyorum. İslam ümmeti, bir taraftan çağı doğru okuyan, diğer taraftan da dinin sahih bilgisini günümüze taşıyarak vazgeçilmez değerlerine sahip çıkan bir bilinç düzeyine eriştiğinde şiddet sarmalından kurtulacaktır. İslam'ın medeniyetler inşa eden eşsiz ilkelerine, tarihte bu ilkelerin üzerinde yükselen model toplumlara, onların farklılıkları çatışma ve yıkım sebebi değil, gelişme ve zenginleme fırsatı olarak nasıl değerlendirdiğine odaklandığımız zaman, coğrafyamız yeniden selam ve eman yurdu hâline gelecektir. Ülkemize, gönül coğrafyamıza ve insanlığa barış, huzur, esenlik, merhamet, şefkat, adalet ve fazilet aşılamanın yolu, birlikte yaşama hukukunu ve ahlakını yeniden yaşanır kılmaktan geçmektedir.

2015 yılı Kutlu Doğum Haftası "Hz. Peygamber (s.a.s.) ve Birlikte Yaşama Ahlakı" teması çerçevesinde hazırlanan elinizdeki eserin hazırlık aşamasından yayınlanmasına kadar geçen süreçlerde emeği geçen herkese teşekkür ediyor; eserin birlikte yaşama ahlakı konusunda bütün toplum kesimlerinde bir farkındalık ve bilinç oluşturmasını Yüce Rabbimden niyaz ediyorum.

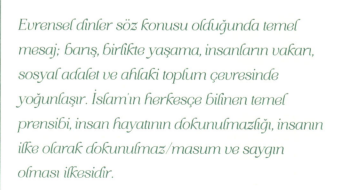

Evrensel dinler söz konusu olduğunda temel mesaj; barış, birlikte yaşama, insanların vakarı, sosyal adalet ve ahlaki toplum çevresinde yoğunlaşır. İslam'ın herkesçe bilinen temel prensibi, insan hayatının dokunulmazlığı, insanın ilke olarak dokunulmaz/masum ve saygın olması ilkesidir.

Birlikte Yaşama İrade ve Ahlakının Dinî Temelleri

Prof. Dr. Ali BARDAKOĞLU
İstanbul 29 Mayıs Üniversitesi
Kur'an Araştırmaları Merkezi

Son bir asır içinde iletişim teknolojisinin baş döndüren gelişmesi ve küreselleşme, dünyanın öteden beri sahip olduğu çok sesliliği ve renkliliği daha bir gözler önüne serdi. Sosyoloji, antropoloji, sosyal tarih gibi alanların uzmanları için gayet tabiî olan bu durum, bu yüzyılda ben merkezli kültürel ve dinî algılar açısından hayli sarsıcı da oldu. Aslında Kur'ân-ı Kerim'in mesajına aşina olanlar veya İslam'ın on dört asırlık yaşanmış tarihini inceleyenler, bunun yerkürede yeni bir durum olmadığını, dünyanın ve dinlerin tarihinin hep bu çok seslilik ve renklilik içinde bir hak-batıl mücadelesi şeklinde cereyan ettiğini bilirler.

Kur'ân-ı Kerim'de insanoğlunun yeryüzüne gönderiliş serüvenini anlatılırken:

"İşte o zaman Rabbin meleklere: "Bakın, Ben yeryüzünde bir halife yaratacağım!" demişti. Onlar: "Seni övgüyle yüceltip takdis eden bizler varken, orada bozgunculuk yapacak ve kan dökecek birini mi yaratacaksın? dediler. (Allah) "Sizin bilmediğiniz (çok şey var, onları) Ben bilirim!" diye cevapladı" (el-Bakara, 2/30) buyurulur ve insanın *"yeryüzüne geçici bir süre için ve birbirine düşman olarak"* gönderildiği (el-A'râf, 7/24) anlatılır.

Kur'an'daki bu bilgi ve uyarının, ayrıca birçok ayette insanın potansiyel olarak taşıdığı zaaflardan söz edilmesinin amacı, insanın Kur'an'a, Peygamberin çağrısına kulak vermemesi hâlinde bu olumsuz durumlara düşeceğini haber vermektir. Ancak asıl amaç böyle olsa da, bu anlatımdan, yeryüzünde insanın yeknesak ve düz çizgide değil hayli maceralı, savrulmalarla dolu bir hayat yolculuğunun olacağı sonucunu da çıkarmaktayız. Zaten insanın robot gibi programlanarak değil özgür irade ile donatılarak dünyaya gönderilmesi, attığı her adımda kendini iyi ve kötünün başladığı bir yol ayırımında bulacağı ve kendi kararını kendisinin vereceği anlamına gelir. Bu da başlı başına bir risk demektir ki, dinî literatürümüzde bunun adı "sınama/imtihan"dır. Duygu ve zaaflarımız, bizi kuşatan dış şartlar çoğu zaman aksini telkin etse de Allah'ın fıtratımıza koyduğu akıl ve vicdan ile elçisi vasıtasıyla bize bahşettiği kutsal vahiy bilgisi, iyi tarafa yönelmemiz için bu imtihanda bize destek verip yolumuzu aydınlatan kılavuzlardır. Akıl, bütün kötülüklere karşı durmada yeterli olamayacağı için ona destek olarak ilahî vahiy, yani peygamberlerin daveti gönderilmiştir. Dinin çağrısının ilahî yardım (inâyet) ve kurtuluş halkası, sağlam ip, esenlik yurdu olmasının anlamı da bundandır.

Kur'ân-ı Kerim'de insanlık dünyasındaki dil ve renk farklılıkları, Allah'ın varlık ve kudretinin işaretlerinden biri olarak gösterilir (er-Rûm, 30/22). Keza insanların farklı millet ve kabilelere ayrılmış olmasının gayesi tanışma, tanıma ve ortak bilinç gibi geniş bir anlam yelpazesine sahip bir kavram olan "teârüf" ile açıklanır (el-Hucurât, 49/13). Başka bir ayette; *"Rabbin dileseydi insanları elbette tek ümmet yapardı. Ne var ki onlar farklı olmaya devam edeceklerdir. Ancak Rabbinin rahmet ettikleri müstesnâ. Zaten O, insanları bunun için yarattı..."* (Hûd, 11/118-119) buyrulması, taşıdığı diğer mesajların yanı sıra insanların ve toplumların sadece maddi/görünür yönlerden değil bilgi, kültür, algı, duygu, estetik gibi gayri maddi cihetlerden de farklı olabileceğine, bunun ilahî planlamanın dahilinde görülmesi gerektiğine işaret eder.

Kur'ân-ı Kerim'de Tevrat ve İncil'den söz edip yahudi ve hristiyanların kendilerine inen vahiy ve ahkamla hükmetmesini emreden ayetlerin akabinde gelen *"Her biriniz için ayrı bir şeriat, yol ve yöntem verdik. Şayet Allah dileseydi sizi tek bir ümmet yapardı"* (el-Mâide, 5/48) açıklaması, şeriat ve hayat tarzlarındaki farklılığın ilahî hikmet kapsamında olduğuna işaret içindir. İlahî vahiy geleneğinde tevhit ve akide alanında izlenen tavizsiz tutumun, şeriat ve gündelik hayat alanına gelince daha esnek bir hâl aldığı da söylenebilir. Medine döneminde Müslümanları yanı başındaki diğer din mensuplarıyla dinî çoğulculuk içinde yaşamaya yönlendiren bu Kur'anî ifadeler, zaten Hicret akabinde çeşitli dinî grup ve kabileler arasında yapılan "Medine Sözleşmesi"nin içeriğiyle ve Hz. Peygamber'in ehl-i kitaba karşı ilkesel tutumuyla da bir bütünlük arz etmektedir.

İster farklı dinler arası bu çoğulculuğu onaylayan -bir kısmına yukarıda temas ettiğimiz- ayetler esas alınsın, ister ayet ve hadislerin sınırlı olay hakkında belli sayıda hüküm getirmiş, geri kalanını Müslümanların anlama ve yorum (içtihat) kabiliyetlerine bırakmış olduğu gerçeğinden ve *"ümmet içinde farklı görüşlerin bulunmasının rahmet olacağı"*na dair ortak kabulden hareket edilsin, tek bir sonuca varırız: O da, "aynı dine mensup insanlar arasında dinî düşünce, algı ve davranış farklılığının bulunmasının da gayet tabiî bir durum olduğu, bunun dinde onaylandığı ve İslam'ın evrenselliğinin de bir parçası görüldüğü"dür.

Bir rivayette Hz. Peygamber'in, *"Ümmetim yetmiş iki (veya yetmiş üç) fırkaya ayrılacak"* buyurduğu, *"bunlardan sadece birinin kurtuluşa ereceğini, onun da kendisinin ve ashabının yolundan gidenler/cemaatten ayrılmayanlar olacağını"* söylediği belirtilir (Tirmizî, Îmân, 18; İbn Mâce, Sünen, 1; Fiten, 17; Ebû Dâvûd, Sünen, 1; Müsned, II, 332; III, 120). Sosyal ve siyasal konular da dahil meselelerin din üzerinden tartışıldığı bir çağda itikadi ve siyasi ayrışmaların, hatta çatışmaların öne çıkmasının ardından Müslümanlar arasında sıkça dile getirilmeye başlanan bu rivayetin Resûlullah'a isnadı tartışmalıdır. Nitekim en muteber hadis kaynakları sayılan Buhârî ve Müslim'in *Sahîhler*'inde bu rivayet yer almaz. Ancak yine de sosyal tarih açısından önemli görülen bu rivayet, geçmişte mezhep ve fırka taassubu taşıyanlar tarafından diğer mezheplere, dinî zümrelere karşı ayrıştırıcı ve dışlayıcı bir malzeme olarak kullanılabilmiştir. Fakat başka bir açıdan da bu rivayet,– açıkça özel bir adı zikretmemesi nedeniyle- ayrıştırma yerine, Müslümanları "Peygamberin ve ashabının yolu"nun önemini kavramaya, bu yolu araştırmaya ve olabildiğince geniş bir topluluk (sevâd-ı a'zam) olarak o yolda buluşmaya özendirme işlevi de görmüştür.

"*Ümmetin yetmiş iki/üç fırkaya ayrılacağı*" kanaatinin Müslümanlar arasında yaygınlaşmasının, doğrudan ve dolaylı sonuçları üzerinde ayrıntılı şekilde durmakta fayda vardır. Çünkü bu konu İslâm toplumlarında sosyal barışın korunmasına hizmet edecek ipuçlarını da verecektir. Bu rivayetin esasen "Müslümanların parçalanıp farklı fırkalara ayrılmasını önlemek, onları birlik ve beraberlikten ayırmamak için" dile getirildiği anlaşılmaktadır. Ayrıca, bu rivayetin, fırkaların birbirini dışlamak için sonradan üretildiğini ileri sürenler de vardır. Senedinin sıhhati ve söyleniş amacı ne olursa olsun, bu rivayetin ilk bakışta hedeflenen bu amaçların dışında hatta zıddına sonuçlar verdiği de ortadadır. Şöyle ki, böyle bir kanaatin toplumda yaygınlaşması, dolaylı olarak aynı dine, Peygambere ve Kitab'a mensup insanların fırkalara ayrılması ve farklılaşması gibi fiilî bir duruma Müslüman zihnini hazırlamış ve onları onca kargaşa içinde "kurtuluşa götüren hak yolu bulma" yarışına sokmuştur. Çünkü söz konusu rivayette hak yolda/kurtuluşa eren grubun (fırka-i nâciye) kimler olduğuna "*benim ve ashabımın yolunu izleyenler*" gibi görece bir nitelendirme ile işaret edildiğinden, her fırka mensubunun kendini böyle görme imkânı ile Hz. Peygamber ve ashabının yolundan ayrılmama hassasiyeti bir kez daha pekişmiş olmaktadır. Diğer bir anlatımla, bu rivayetteki göreceli nitelendirme ilk planda her bir grubun kendini "fırka-i nâciye" olarak görüp diğerlerini dışlaması, yani diğerlerinin bâtıl, sadece kendinin hak yol üzere olduğunu savunması mümkün kılmıştır. Bu doğrudur. Ancak bu belirsizliğin her bir fırkayı ve mensuplarını kendi dışındakilerden birinin de hak yolda olabileceği ihtimalini göz önünde tutmaya da sevkettiği, dolayısıyla onlara karşı daha müsamahakâr ve barışçı davranma, böylece din içi çoğulculuğu kabullenme sonucuna götürdüğü de söylenebilir. Sonuç olarak ilk bakışta ayrıştırıcı ve dışlayıcı bir tutuma destek veren bir rivayet, bunun zıddına çoğulcu durumu fiilen kabullenme gibi bir amaca da hizmet etmiştir. Konuya bugünden baktığımızda söz konusu rivayette, "kurtuluşa eren fırka"nın ismi ve açık tanımı verilmediği için Müslümanlara düşen görev, rivayeti tefrika ve dışlama aracı olarak kullanmayıp, ümmeti birlikte barış içinde yaşatacak ve din içi çoğulculuğa imkân verecek şekilde anlamak ve yorumlamaktır. Konunun fıkıh usulünde Bakıllanî ve Gazzalî gibi Eş'arî kelâmcıların "içtihatta tasvîb" görüşüyle, yani "usulünce yapılmış içtihatlardan sadece birinin değil her birinin ayrı ayrı isabetli sayılacağı, Allah'ın hükmünün de müçtehidin içtihadına tâbi olacağı" görüşüyle de ilgisi kurulabilir. Böyle bir bakış açısının günümüzde birbirini dışlayan hatta düşman olarak gören dinî anlayış ve gruplar arasında barışın tesisine ve toplumun barış içinde bir arada yaşamasına katkısı tartışmasızdır.

Toplumun barış içinde yaşamasının bir ayağı, din özgürlüğüne ve din içi çoğulculuğa dayanır. İslam'da din özgürlüğünü teminat altına alan bazı ahlaki ilkeler mevcuttur. Bu ilkelerin başında dine inanmanın hür bir seçime ve iradeye dayalı olması esası gelir. İslam'da imanın olmazsa-olmazlarından biri, hür iradedir. Dış ve iç iradenin uyuşması, ihlas ve samimiyet adını alır. Meşhur bir hadiste "*Ameller niyetlere göredir*" (Buhârî, Bedü'l-vahy, 1) buyrulur; dolayısıyla niyeti halis olmayan, inancında samimi olmayan kimsenin imanı makbul değildir. Şüphesiz samimi bir inanç, insanın hür iradesine dayanan bir inançtır. İman ile hür irade arasındaki bu sıkı bağ sebebiyledir ki Kur'ân-ı Kerim'de *"Gerçek Rabbinizdendir. O hâlde, dileyen inansın, dileyen de inkâr etsin!"* (el-Kehf, 18/29) buyrulur. Bu ayet, insanın bu dünyada iman gibi en temel konuda bile hür iadesinin bulunduğunu, imanının hür iradeyle olması gerektiğini gösterme amacını taşır; yoksa insanın yapacağı her tercihi Allah'ın onayladığı gibi bir anlama elbette gelmez. Yine Kur'an'da *"Dinde zorlama olmadığı"* (el-Bakara, 2/256) belirtilir. Farklı anlamların da verilmesi mümkün olan bu ayetten ilk anlaşılan, kimsenin İslamiyet'e girmeye zorlanamayacağı gibi, Hristiyanlığa veya Museviliğe girmeye de zorlanamayacağı kuralıdır. Yani genel anlamda, herhangi bir dine inanmada bir zorlama olmamalıdır. Bu ayet, diğer dinlerle İslam'ın eşit tutulduğu gibi bir yoruma geçit vermez; aksine ilahî vahyin son halkası ve Allah katında yegâne hak din olan İslam'ın, mesajını yüksek bir özgüvenle verdiğini, Müslümanlardan da bunu beklediğini gösterir. Zaten ayetin devamında doğru ile yanlışın, hak ile batılın birbirinden kolayca ayırt edilebilecek derecede ortada olduğu, insanın aklî ve kalbî melekelerini kullandığında Allah'a imanı seçerek kurtuluş halkasına tutunacağı belirtilmiştir. Son iki ayetten, hem insanın sorumlu tutulabilmesi için hem de doğrudan yana yaptığı tercihinin değerli olabilmesi için bütün bunları hür irade ile yapmış olması gerektiğini bir kez daha anlamaktayız.

İslam'da din özgürlüğünün ve onun götüreceği sosyal barışın teminatı olan diğer bir ilke, ilahî iradenin tüm insanları tek bir din üzere toplamayı murat etmemiş olmasıdır.

"Eğer Rabbin dileseydi yeryüzündeki insanların hepsi iman ederdi. Yoksa sen inanmaları için insanlara zor mu kullanacaksın?" (Yunus, 10/99) ayeti ve bu mealdeki diğer ayetler, insan iradesine önem vermenin ve insanı din gibi hayatî bir tercih konusunda bile özgür bırakmanın ifadesidir.

İslam'ın, insanın hür iradesine değer vermiş, seçimini özgürce yapmasını istemiş olması, insanın yapacağı her seçimi ve vereceği her kararı onayladığı anlamına elbette gelmez. İnsanlığın tarih boyunca daima farklı dinî inanış ve tercihler içinde olduğuna ve bundan sonra da bu çeşitliliğin devam edeceğine işaret eden bu ayetler, İslam'ın kendini hak din olarak görmesi ve böyle bir iddia taşıması ile de çelişmez. Aksine bu, İslam'ın hem farklı dinlerin zaten tabiî olarak sahip olduğu özgürlük alanını tanıtması ve Müslümanları dünyanın bu tabiî çoğulcu görünümüne alıştırması, hem de İslam'ın kendine duyduğu özgüveni mensuplarına aşılama stratejisini ifade eder.

İslam dininin en temel ahlaki ve hukuki ilkelerinden biri olan karşılıklılık (mütekabiliyet) ilkesi de günümüzde sosyal barışın ve birlikte yaşamanın önemli ipuçlarını içinde barındırır. İnanç alanında iyiliklerin karşılığını bulması, ekonomik alanda sözleşmelere titizlikle uyma, beşeri ilişkilerde temel bir ahlaki prensip olarak "kişinin başkalarına, kendine davranılmasını istediği şekilde davranması" gibi hususlar, hep bu temel ilkenin farklı tezahürleridir. Hatta bazı noktalarda ilk bakışta tek taraflı gibi görülebilecek emirler bile, özde bu ilkeye dayalıdır. Mesela "komşuya iyilik" tüm komşular için gerekli olması sebebiyle karşılıklılığı zorunlu olarak gerektirir. Hz. Peygamber, maruz kaldığı zorluklar ve gördüğü eziyetler karşısında, Mekkelilere *"Sizin dininiz size, benim dinim bana"* (el-Kâfirûn, 109/6) ayeti ile cevap vererek inanç düzeyindeki farklılıkların varlığına işaret etmekteydi. Karşılıklılık ilkesine dayalı olarak din özgürlüğünü teminat altına alan ve toplumda barışı besleyen diğer bir örnek, başka dinlerin tanrılarına hakaret etmenin yasaklanması ile ilgilidir. Kur'ân-ı Kerim'de Allah Müslümanlardan, diğer inanç mensuplarının kutsallarına kötü sözler sarf etmemelerini ister:

"Onların Allah'ın dışında çağırdıklarına sövmeyin ki, sonra onlar da [size olan] düşmanlıklarından dolayı bilmeden Allah'a sövmesinler; çünkü Biz, her topluma yaptıkları işleri güzel göstermişizdir. Ancak, daha sonra onların dönüşleri Rablerine olacaktır, O zaman Rableri, onlara yaptıklarını bildirecektir."
(el-En'âm, 6/108)

Evrensel dinler söz konusu olduğunda temel mesaj; barış, birlikte yaşama, insanların vakarı, sosyal adalet ve ahlaki toplum çevresinde yoğunlaşır. İslam'ın herkesçe bilinen temel prensibi, insan hayatının dokunulmazlığı, insanın ilke olarak dokunulmaz/masum ve saygın olması ilkesidir.

"...Kim, bir insanı, bir can karşılığı veya yeryüzünde bozgunculuk çıkarmak karşılığı olmaksızın öldürürse, o sanki bütün insanları öldürmüştür. Her kim de birini (hayatını kurtararak) yaşatırsa sanki bütün insanları yaşatmıştır... (el-Mâide, 5/32)" ve *"Andolsun, biz insanoğlunu şerefli kıldık. Onları karada ve denizde taşıdık. Kendilerini en güzel ve temiz şeylerden rızıklandırdık ve onları yarattıklarımızın birçoğundan üstün kıldık"* (el-İsrâ, 17/70) ayetleri, burada hemen hatırlanabilir. İslam'ın tarihî tecrübesi, toplumsal barışı sağlamanın en güvenli yolunun yine dinî bilgi ile inşa edilebileceğini gösterir. Dinin temel iki kaynağı Kur'ân-ı Kerim ve Hz. Peygamber'in Sünneti, bize dindarlığın aynı zamanda insanın Yaratanıyla, kendisiyle ve bütün çevresiyle barış içinde bulunması demek olduğunu anlatır. Din, mensuplarına şiddet ve öfkeyi bastırabilecek bir özgüven de telkin eder. Ancak son yıllarda yakın coğrafyamızda şiddetin ve terörün arttığı, öfke ve nefretin iç dünyamızı esir aldığı ve Müslümanlar olarak sosyal barıştan hızla uzaklaştığımız da acı bir gerçektir. Bunun ülke içi sorunlardan uluslararası stratejilere kadar elbette bir dizi sebebi vardır. Ancak bu kargaşa ortamında dinî semboller ve duyarlılıklar da toplumda öfke ve nefret söyleminin ve bu yönde ayrışmanın ana malzemelerinden birini teşkil etmiş durumdadır. Barış içinde bir arada yaşamanın aslî dayanağı olması gereken dinî bilginin aksi yönde bir amaç için kullanılıyor olmasını, öncelikle din bilginlerinin analiz etmesi, sebepleri üzerinde etraflıca durması gerekiyor.

Ekonomik gelir dağılımının derin eşitsizlikler yarattığı, işsizliğin yoğun olduğu, siyasal katılımın bulunmadığı, sağlıktan eğitime ve fırsat eşitliğine kadar bir dizi sorunun yaşandığı ve insanların gelecek endişesinin bulunduğu toplumlarda din, ırk, etnik kimlik ve bölgesel aidiyet duygularının şiddete kanalize edilmesinin hayli kolaylaştığını artık hepimiz biliyoruz. Sağlıklı dinî bilgilenmenin sağladığı özgüven, böyle bir ortamın olumsuzluklarını azaltıcı bir role sahipken, din konusunda yanlış ve saptırılmış eğitim, rasyonel düşüncenin yerini duygusallığın alması, bu olumsuzlukları tetikleyici bir işlev görmektedir. Böyle olunca şiddeti önlemede polisiye tedbirler, öfke ve nefrete kaynaklık eden ortamın analizi ve ona göre önlemlerin alınması ne kadar gerekli ise, toplumlarımızda insanları İslam dini konusunda sağlıklı bilgilendirmek, örgün ve yaygın din eğitimini geliştirerek yanlış ve saptırılmış yorumlar karşısında toplumsal bilinç oluşturmak da aynı derecede önem taşımaktadır. Çünkü dine ve kutsala bağlılık adına masum insanlara yönelik şiddet, kin ve nefreti meşrulaştırmak, ancak doğru bilgiyle yüzleşmekten kaçırılmış ve kapalı kapılar ardına alınmış sığ ve yanlış bir bilgiyle ve çarpık bir eğitimle mümkün olabilir.

Öyle anlaşılıyor ki, sosyal barışımızı tehdit eden her bir eğilim ve anlayışı sadece bir güvenlik sorunu olarak ele almayıp buna ilaveten olayın siyasal, sosyal, ekonomik ve psikolojik nedenlerine ve boyutlarına da eğilmek zorundayız. Özgürlükler ve dinin insan hayatındaki derin etkisi, esasen birlikte ve huzur içinde yaşamamız için büyük bir imkândır ve iyi değerlendirildiğinde vazgeçilemez bir pozitif katkıdır. Ancak bunların kötü ellerde ve yanlış amaçlarda kullanımının, bilgisizliğin veya yanlış hedeflere kilitlenmiş dinî eğitimlerin, toplumların başına ne türlü dertler açtığı da ortadadır. Bu konuda belki de öncelikle yapılması gereken, İslam dinini doğru tanıma, dindarlığımızı ahlak, dinî duyarlılıklarımızı ise bilgi eksenine oturtma olmalıdır.

İslam'ın aslî kaynakları ve onların üzerine temellendirilen İslam uygarlığı, bugün dahi özlemle andığımız, bütün insanları hatta canlı ve cansız tabiatı şefkatle kucaklayan bir ahlak zihniyeti geliştirmiş ve bunu kültürümüzün dış etkilerle dejenere olmaya başladığı geçen yüzyılın başına kadar yaşatmıştır.

İslam'da Birlikte Yaşamanın Ahlaki Temelleri

Prof. Dr. Mustafa ÇAĞRICI
Marmara Üniversitesi
İlahiyat Fakültesi Öğretim Üyesi

İnsanların Birlikte Yaşamaya Muhtaç Olmaları

Müslüman âlimler ve düşünürler, insanların birlikte yaşama zorunluluğunu, birlikte yaşamanın hukuki ve ahlaki ilkelerini hem Allah'ın insanları birbiriyle kaynaşıp toplu hâlde yaşamalarını gerektirecek şekilde yarattığını bildiren ayet ve hadislere1 hem de insanın fıtratı gereği sosyal bir canlı olduğu şeklindeki geleneksel kabule dayandırırlar. Buna göre insanlar tek başlarına üstesinden gelemeyecekleri kadar çok sayıda ihtiyaçla kuşatılmış; toplumsal hayat ve bu hayatın gerektirdiği devlet, siyaset, ahlak, hukuk gibi kurumlar bu ihtiyaçları, bir arada yaşayıp yardımlaşarak karşılama zaruretinden doğmuştur.

Farabi, *el-Medînetü'l-fâzıla* (erdemli ülke) adlı ünlü eserinde "insanın birlikte yaşamaya ve yardımlaşmaya ihtiyacı" anlamında bir başlık açar ve bu burada, her bireyin kendisi için gerekli şeyleri tek başına elde etmesinin mümkün olmadığını, bundan dolayı insanların topluluklar oluşturmayı ve birbiriyle yardımlaşmayı sağlayacak bir fıtratta yaratıldığını belirtir.[2] İnsan tabiatı hakkında kötümser bir anlayış taşıyan ünlü Şafiî fakihi

---

1 Meselâ bk. el-Enfâl 8/63; İbn Hanbel, *el-Müsned*, II, 400; V, 335.
2 *el-Medînetü'l-fâzıla* (nşr. Albert Nasrî Nâdir), Beyrut 1986, s. 117-119.

Ebû'l-Hasan el-Mâverdî'ye göre insandaki bencillik, saldırganlık ve başkalarına zarar verme gibi yıkıcı eğilimler, onun doğasından gelmektedir; onu uysallaştıran şey ise kendi başına yetersizliğinin farkına varmasıdır. Bu sebeple insanların bir arada yaşamasını isteyen ilahî irade, onları hemcinslerine muhtaç ve onlardan yardım bekleyecek bir durumda yaratmıştır. Böylece insanların, hem tek başlarına bütün ihtiyaçlarını karşılamaktan âciz bulunmaları hem de Yüce Allah tarafında değişik yeteneklerle donatılmaları ve farklı imkânlara sahip kılınmaları, onları aralarında iletişim (tevâsul) kurmaya, birbirleriyle kaynaşmaya, yardımlaşıp dayanışmaya yöneltmiştir. Ayetlerde belirtildiği üzere[3] bu durum, insanlık için Allah'ın bir rahmeti ve lütfudur.[4]

Bu görüşlere, Gazzali, Ragıb el-İsfahani ve İbn Haldûn gibi sonraki birçok Müslüman âlim ve düşünür de katılmıştır. Onlara göre insanların çeşitli tehlikelere karşı birbirinden güç ve yardım almaya ihtiyaç duymaları, yerleşim birimlerinin doğmasını sağlamıştır. Ancak toplumsal hayat sürtüşme ve çatışmaları da beraberinde getirmiştir. İşte bu tür yıkıcı durumları adalet ve hakkaniyet ölçüleri içinde önleme ve insanların birlikte barış içinde yaşamalarını sağlama zaruretinin sonucu olarak devlet ve siyaset kurumları ortaya çıkmıştır. Aynı şekilde insanlar birbirine muhtaç bulundukları ve bu yüzden bir arada yaşamak zorunda oldukları için Yüce Yaratıcı, onları sevgi, saygı, şefkat, merhamet, dayanışma, yardımlaşma gibi toplumsal ahlaka temel teşkil edecek yüksek duygu ve eğilimlerle donatmıştır.[5]

---

3 Hûd 11/118; en-Nahl 16/71.
4 Mâverdî, *Edebü'd-dünyâ ve'd-dîn*, Beyrut 1978, 132-135.
5 Gazzali, *İhyâu 'ulûmi'd-dîn*, Kahire 1332, I, 12-13, 55; II, 193-194; III, 10, 281; *el-İktisâd fi'l-i'tikad* (nşr. İ. A. Çubukçu-H. Atay), s. 235; *el-Maksadü'l-esnâ fî şerhi esmâillâhi'l-husnâ*, Kahire 1322, s. 70; İbn Haldûn, *Muḳaddime*, Beyrut 1402/1982, s. 41-43

Cahiliye'de Ayrışma Kültürü ve İslam'ın Ahlak Temelli Toplumsal Birlik İnşası

Bilindiği üzere Kur'ân-ı Kerim, İslam'dan önceki döneme **Cahiliye** adını vermiştir.[6] Bu dönem hakkında ilk yazılı kaynak olma özelliği taşıyan Kur'ân-ı Kerim başta olmak üzere ilgili kaynakların verdiği bilgilere göre Cahiliye kültürü bencil, çatışmacı, intikamcı, ayrıştırıcı, sonuçta zulüm ve şiddet üreten bir karaktere sahipti. İslam'ın geldiği Hicaz coğrafyasında yaşayan Araplar'ın İslam'dan önce yüzyıllar boyunca kabileyi aşan toplumsal birlik ve devlet kuramamalarının ana sebebi, bu şiddet içerikli ve çatışmacı ahlak zihniyetiydi. Bundan dolayıdır ki İslam ve Hz. Peygamber, öncelikle, bu zihniyetin ve onun ürettiği kültürle güçlü ilişkisi bulunan putperestliğin ve sözde tanrıların (putların) anlamsız, asılsız ve değersiz olduğunu, bu bâtıl inancın insanlara yüksek bir ahlak kazandırmadığını, ahlaki sorumluluk ve yaptırım içermediğini, aksine yığınla toplumsal sorunlar ürettiğini anlattı.

Onun için aziz Peygamberimiz insanları, putperestlikten vazgeçip bir olan Allah'a inanmaya; sonuçta tevhide, dolayısıyla bu inanç etrafında birleşip bütünleşmeye çağırdı; bu suretle birlik sembolü olan **kardeşlik** kavramını kullanarak Müslümanları, aralarında din kardeşliği bağları kurmaya yöneltti. Bu şekilde "din kardeşliği" kavramını merkeze alan bir sosyal birlik, bütünleşme ve dayanışma ruhu oluşturdu. Bu bakımdan Kur'ân-ı Kerim'de ve hadislerde kardeşliğe büyük önem atfedilir; İslam ahlakı bakımından kardeşlik kavramı, birlikte yaşamanın en önemli temellerinden birini ifade eder. Kur'ân-ı Kerim, eski peygamberler ve kavimleri hakkında bilgiler veren ayetlerde de bu kavramı sık sık kullanmak suretiyle kardeşliğin ortak bir insanlık değeri olduğunu öğretti; cahiliye'nin "soy sop ayırımcılığı" anlamına gelen **asabiyet** zihniyetini kesinlikle reddederek, zayıflar ve kimsesizler hakkında da "Onlar

---

6 Âl-i İmrân 3/154; Mâide 5/50; Ahzâb 33/33; Feth 48/26.

sizin dinde kardeşleriniz ve dostlarınızdır" dedi.[7] Peygamber efendimiz Veda Hutbesinde **insanların yaratılıştan eşit oldukları** şeklindeki İslam'ın evrensel ilkesini şu sözlerle ilan etmişti: "Ey insanlar! Şunu iyi biliniz ki Rabbiniz birdir; atanız birdir. Hepiniz Âdem'in çocuklarısınız; Âdem de topraktandır. Arap'ın başka ırka, başka ırkın Arap'a, beyaz ırkın siyah ırka, siyah ırkın beyaz ırka -takva dışında- bir üstünlüğü yoktur."[8]

Aslında Resûl-i Ekrem'in Veda Haccından da önce, risâletin başlangıcından itibaren vermeye başladığı bu tür mesajlar, Kur'ân-ı Kerim'in birçok ayette "müstekbir" (kibirli ve küstah), "fehûr" (kedisi ve kabilesinin büyüklüğüyle övünüp böbürlenen), "cebbâr" (baskıcı, despot) gibi kavramlarla tanımladığı cahiliye'nin aristokratik kesimlerini çileden çıkarıyordu. Ama diğer yandan İslam'ın bu yüksek öğretileri, onların aşağıladığı ve ezdiği kesimlerin ruh dünyalarında ilk defa adam yerine konma, değer görme hissi uyandırdı ve neticede güçsüzler ile başta gençler olmak üzere temiz ruhlu başka insanların Resûl-i Zîşan efendimizin etrafında birlik ve kardeşlik ruhuyla bütünleşmelerini sağladı.

Cahiliye döneminde sosyal bütünleşmenin önündeki en büyük engel ve İslam'ın ortadan kaldırmayı amaçladığı ana sorunlardan biri, insanları kuşatan bencil duygular ve bunun ürettiği güç mücadeleleri, güçlülerin despotizmi ve menfaat çatışmalarıydı. Gerek cahiliye edebiyatında gerekse Kur'ân-ı Kerim'de ve Peygamber efendimizin hadislerinde bunu anlatan yüzlerce örnek bulunmaktadır. Aslında cahiliye, zorbalığın güçten meşruiyet aldığı, neredeyse herkesin herkese düşman olmasını mümkün kılan, dolayısıyla birlikte yaşamayı imkânsız hâle getiren bir zihniyetin adıdır. Böyle bir ortamda insanlar, "Düşmanın için zulümden aşağısına razı olma! Ona karşı insafı kabul etme ve benlik davasında ondan daha baskın çıkmaya

---

7 Ahzâb 33/ 5.
8 İbn Hanbel, *el-Müsned*, V, 411; Ebû Dâvûd "Edeb", 111; Tirmizî, "Menâkıb", 73.

çalış!" diyecek kadar insafsızlığı ileri götürüyorlardı.⁹ Hz. Peygamber'in amcası Abbas, henüz Müslüman değilken, kardeşi Ebû Tâlip'e şu tavsiyede bulunmuştu: "Ebû Tâlip! Sakın onlara (düşmanlarına) karşı insaflı olma! Onlar insaf gösterseler de sonuna kadar merhametsizliği ve zulmetmeyi sürdür."¹⁰ Mus'ab b. Züheyr'inki gibi daha beter tavsiyeler de var: "Baktın ki kötü talih düşmanını tokatlıyor, sen tekmele! Hatta kötü talihten kurtulsa da senden kurtulamasın!"¹¹

Ünlü cahiliye şairi Amr İbn Kulsûm'un, "Yedi Askı"dan biri olarak bilinen **Mu'allaka**'sındaki kibir taşan şu mısraları, güç ve menfaat çatışmasının cahiliye Arapları'nda nasıl bir vahşet kültürü oluşturduğunu göstermesi bakımından ilginçtir:

"Elimizden geldiğince yedirip içiririz biz / Gücümüzü sınamaya kalkanların da işlerini bitiririz!

İstediğimiz şeylerden insanları engelleriz / İstediğimiz yerlere konup yerleşiriz

Kızdığımız (kimselerden gelen) hediyeyi reddederiz / Memnun olduğumuzdan da alırız"

Bize sığınanları boyun eğerlerse koruruz / Bize kafa tuttuklarında ise canlarına okuruz

İstediğimizde suyun arı durusunu biz içeriz / Bizim dışımızdakilere de kirlisini, çamurlusunu içmek kalır"¹²

Cömertlik gibi yüksek bir erdemi bile sırf övünmek ve muhtaçları minnet altına sokup kendilerine kul-köle yapmak

---

9   el-Câhız, *er-Resâilu'l-edebiyye*, Beyrut 1423/2002, I, 382.
10 el-Câhız, *er-Rasâil*, I, 359, 382; Ebû Mansûr es-Seâlibî, *eş-Şekvâ ve'l-'itâb* (nşr. İlham Abdulvehhâb el-Muftî), Kuveyt 1421/ 2000, II, 105; ez-Zemahşerî, *Rebî'u'l-ebrâr ve nususu'l-aḫyâr*, Beyrut 1412, III, 388; İbn Ḥamdûn, *et-Tezkiretu'l-Ḥamdûniyye*, Beyrut 1417, II, 415.
11 el-Câhız, *er-Rasâil*, I, 383.
12 Ebû Abdillâh ez-Zevzenî, *Şerḥu Mu'allakâti›s-seb'a*, Dâru İhyâi't-Turâsi'l-Arabî, 1423/2002, s. 234; Ebû Amr eş-Şeybânî, *Şerḥu'l-Mu'allakâti't-Tis'a*, Beyrut 1422/2001, s. 342.

için uygulayan cahiliye Arabının bu bencillik ve vahşet kültüründe birlikte yaşama şartlarının oluşması, bunu sağlayacak yüksek bir sosyal ahlakın gelişmesi mümkün değildi.

Buradan bakıldığında İslam, insanlarda, ilkel güç mücadelelerini ve menfaat çatışmalarını reddeden, bunun için de adalet ve hakkaniyet ölçüleri çerçevesinde herkesi kucaklayan derin ahlaki duygular geliştirdi; ilahî yasalar, prensipler koydu; Peygamber efendimiz, insanları bunlara uymaya çağırdı. Bunun için kişisel, ırkî ve kabilevî menfaat ve iktidar hırslarını yatıştırmayı amaçladı; **asabiyet** denilen ırkçılık davalarına son verdi. Aslında İslam öncesi dönemdeki ayrışma ve çatışmaların arkasında, insanlığın tarihinde neredeyse hiç eksik olmayan, günümüzde de türlü şekillerde tezahür eden ve giderek küresel bir tehdide dönüşen **vahşi bencillik**, **hoyrat bireycilik**, sınırını hukuk ve ahlak ilkeleri yerine kaba gücün belirlediği **ilkel özgürlük** gibi köklü ve aynı zamanda yıkıcı eğilimler bulunmaktaydı. Bu sebeple İslam'ın öğretisine ve Hz. Peygamber'in davetine küllî olarak baktığımızda, onun, bir Batılının "barışçıların düşmanı" diye nitelediği[13] cahiliye insanının ruhundaki bu aşırılıkları ortadan kaldırmayı temel davası yaptığını görürüz. Hz. Peygamber, İslam'ın bu idealini insanlık tarihinde eşi görülmemiş bir hızla başarmış; bireyciliği kardeşlik dayanışmasıyla, bencilliği feragat ve fedakârlık ahlakıyla, ilkel özgürlük anlayışını ilahî yasalara gönüllü itaat ve teslimiyet iradesiyle ehlileştirmiştir. Kur'ân-ı Kerim, bu başarının özelde Araplar, genelde insanlık âlemi için ne kadar büyük bir 'nimet' ve kazanım olduğunu şu etkileyici hatırlatmayla dile getirir.

"Hep birlikte Allah'ın ipine (Kur'an'a, İslam'a) sımsıkı yapışın; bölünüp parçalanmayın. Allah'ın size bahşettiği nimeti hatırlayın; hani bir zamanlar birbirinizin düşmanları idiniz; sonrasında Allah gönüllerinizi kaynaştırdı ve O'nun inâyeti sa-

---

13 Le P. Henri Lammens, *Etude sur le renge du Calife Omaiyade Mo'âwia Ier*, Paris-London-Leipzig 1908, s. 85.

yesinde kardeşler (topluluğu) oldunuz. Bir ateş çukurunun tam kenarında bulunuyorken oradan sizi Allah kurtardı. İşte Allah size ayetlerini böle açıklıyor ki doğru yolu bulasınız."[14]

Cahiliye kavramının nasıl bir ahlak zihniyetine işaret ettiğini anlamamız, ayrıca İslam Peygamberinin birlikte yaşama idealini ne kadar güçlü ahlaki temeller üzerine oturttuğunu ve nihayet onun bu ahlak temelli davetinin samimi ruhlarda ne kadar derin tesirler bıraktığını kavramamız için son derece önemli olduğunu düşündüğüm bir konuşmayı hatırlatmak istiyorum. Mekke putperestlerinin zulmünden bunalıp Habeşistan'a sığınanların sözcüsü Cafer b. Ebî Tâlib (r.a.), kendilerinin iade edilmesini isteyen Mekkeli putperest heyetine karşı Habeşistan hükümdarının huzurunda savunmasını yaparken, İslam'ın tevhid inancı yanında temel ahlak ilkelerini de içeren bu konuşmasında şöyle diyordu:

"Ey kral, biz cahiliyye halkı olarak putlara tapardık, ölü eti yerdik (gıyaplarında insanları karalardık), fuhuş yapardık. Akrabalık bağlarını koparır, komşularımıza kötülük ederdik. İçimizden güçlü olan zayıfı ezerdi. Allah bize elçisini gönderinceye kadar durumumuz böyleydi. Onun soyunu, dürüstlüğünü, güvenilirliğini ve iffetini biliyoruz. O, bizi Allah'a, O'nun birliğini tanımaya ve O'na ibadet etmeye, bizim ve atalarımızın Allah'ın dışında taptığımız taşları, putları bırakmaya davet etti. Doğru sözlü olmamızı, emaneti sahibe vermemizi, akrabalık bağlarını yaşatmamızı, komşuya iyilik etmemizi, insanların mahremiyetlerine ve canlarına saldırmaktan kaçınmamızı emretti. Bize hayasızlıkları, yalan şahitliğini, yetim malı yemeyi, masum kadınlara iftira atmayı yasakladı. Yalnız Allah'a ibadet edip O'na ortak koşmaktan sakınmamızı emretti; namaz kılmamızı, zekât vermemizi ve oruç tutmamızı emretti." Habeşistan'a sığınmak zorunda kalanlardan olup bu bilgileri aktaran kadın sahabî diyor ki: Cafer bu şekilde İslam'ın emirlerini bir bir sa-

---

14 Âl-i İmrân 3/103.

yıp döktü ve devam etti: "Biz de onu tasdik ettik. Ona inandık, Allah'tan getirdiği konularda ona tabi olduk. Artık yalnız Allah'a ibadet ediyor, hiçbir şeyi O'na ortak koşmuyorduk. Onun bize yasakladığı şeyleri yasak bildik, helal kıldıklarını helal bildik. Ama bu yüzden kavmimiz bize düşman oldu. Dinimizi bırakmamız için, Allah'a ibadet etmek yerine putlara tapmamız, vaktiyle meşru gördüğümüz kötülükleri, çirkinlikleri yine helal saymamız için bize işkence ettiler. Bize baskı ve zulüm yapıp zor durumda bırakmaları, dinimizi yaşamamızı engellemeleri üzerine ülkenize sığındık..."[15]

Görüldüğü gibi bu konuşma bir yandan cahiliye'nin zalim, yıkıcı ve ayrıştırıcı ahlâk zihniyetini, bir yandan da bu zihniyete karşı Allah Resûlü'nün ortaya koyduğu İslam'ın iman ve ahlak ilkelerinin insanların ruhlarında nasıl bir inanç, güven ve huzur duygusu geliştirdiğini göstermektedir.

Birlikte Yaşamanın İslami Ahlak Temelleri

Şiddet, saldırı ve yağma kültürünün egemen olduğu cahiliye sosyal realitesi, yaşamak için güçlü olmayı ve güç kullanmayı gerektiriyordu. İslam'ın sosyal ahlak bağlamında en önemli hedefi ise meselenin dinî temellerinden başlayarak, bir oryantalistin kısaca "barbarism" anlamını verdiği[16] cahiliye'nin bu şiddet ruhunu besleyen sosyal olguyu değiştirmekti. Çünkü bu realite, bütün dereceleriyle zulüm ve haksızlıkları meşrulaştırıyor, sonuçta birlikte yaşamanın ahlaki temellerinin oluşması imkânını yok ettiği için **sürekli kabileler arası** savaşlara, intikam mücadelelerine yol açıyordu. İşte İslam bu sosyal olguyu değiştirmeyi ve aynı zamanda onu üreten zihniyeti

---

15 İbn Hişâm, *es-Sîretü'n-Nebeviyye*, Kahire 1575/1955, I, 336; İbn Hanbel, *el-Müsned*, III, 263; Ebû Nu'aym, *Delâ'ilü'n-nübüvve*, Beyrut 1406/1986, I, 246; İbnu'l-Cevzî, *el-Muntazam*, Beyrut 1412/1992, II, 382; ez-Zehebî, *Târîhu'l-İslâm*, (nşr. Ömer Abdüsselâm et-Tedmurî), Beyrut 1413/1993, I, 193.

16 Goldziher, *Islamıc Studies*, New York 1977, I, 206.

dönüştürmeyi hedefledi; böylece insanların güç kullanmadan, şiddet uygulamaya ihtiyaç duymadan da kendilerini ve sahip olduklarını yaşatıp koruyacaklarına, sonuçta barış içinde bir arada yaşayacaklarına dair kesin bir **güven duygusu** oluşturdu.

Bu duygunun oluşması sayesinde, İslam âlimlerince "birlikte yaşama temayülü" şeklinde açıklanan[17] ve Kur'ân-ı Kerim'de Allah'ın insanlığa bir lütfu olarak gösterilecek kadar önem verilen **ülfet**in, yani toplumsal uyuşma ve kaynaşmanın gerçekleşmesi mümkün oldu. İmam Mâverdî, ülfetle ilgili ayetleri açıklarken, cahiliye döneminde Medineli Evs ve Hazrec kabileleri arasında derin bir düşmanlık bulunduğunu ve "İslam sayesinde onların birbirine sımsıkı bağlanan kardeşler, din sayesinde dayanışma hâlinde olan (mütenâsır) dostlar" hâline geldiklerini ifade eder.[18] İlk uygulanma zeminini Evs ve Hazrec kabileleri arasında bulan İslam'ın bu toplumsal kaynaşma ve dostluk ideali, son derece güçlü dinî ve ahlaki temellere dayanır. Bu temeller sayesindedir ki, ünlü medeniyet tarihçisi Bernard Lewis'in belirttiği üzere,[19] sonraki yüzyıllarda İslam medeniyeti, farklı mezheplere, inançlara, ırklara, kültürlere mensup kitleleri barış içinde bir arada yaşatan yegâne çoğulcu medeniyet olma ayrıcalığını kazandı.

Yazımızın başındaki bilgilerden de anlaşılacağı üzere bir toplumun kurulması, fertler arasında ülfet duygusunun pekişmesi ve onların barış içinde bir arada yaşamaları için ihtiyaç duyulan en önemli şartlarından biri de **dayanışma** ve **paylaşma**dır. Bu sebeple İslam kaynaklarında dayanışma ve paylaşmanın sosyal, insani ve ahlaki değeri üzerinde ısrarla durulmuştur. Birçok ayet ve hadiste buyurulan veya tavsiye edilen **zekat**, **sadaka**, **infak** ve **ihsan** gibi erdemli faaliyetlerin amacı, müminlerin birbirlerine maddi yardımda bulunmasını teşvik

---

17 Gazzali, İhyâ, II, 157, 158.
18 *Edebü'd-dünyâ ve'd-dîn*, s. 149-150.
19 Çatışan Kültürler, trc. Nurettkin Elhüseyni, İstanbul 2002, s. 9.

etmek suretiyle toplumda dayanışma ve paylaşma ruhunu diri tutmaktır. Aslında maddi paylaşımın en önemli amacı ve işlevi, muhtaçların maddi hayatlarını rahatlatma yoluyla bireyler ve zümreler arasında bir **duygu paylaşımı** da geliştirmek ve sonuçta birlikte yaşama iradesini güçlendirmektir.

Buhârî'nin *el-Câmi'u's-sahîh*'inde, "müminlerin birbiriyle dayanışması ve yardımlaşması (teâvün)" anlamındaki başlık altında zikredilen bir hadis-i şerifte, Peygamber efendimizin, "Müminler topluluğu, tuğlaları birbirini sımsıkı tutan binaya benzer" buyurduğu, ardından bu birlik ve dayanışmanın gücünü göstermek üzere parmaklarını birbirine kenetlediği ifade edilir.[20] Aynı yerdeki başka bir rivayette adamın birinin ihtiyacını arz etmesi üzerine Resûlullah'ın yanındakilere dönerek, "Ona yardımcı olursanız ecrinizi alırsınız; Allah, dilediği şeyi peygamberinin diliyle söyleterek gerçekleştirir" (Buhârî, Edeb, 36) dediği bildirilir. Hadis mecmualarında ana-babaya saygı, sıla-i rahim, yetimleri, yoksulları, yolcuları, kimsesizleri himaye, komşu hakları, sadaka, infak ve ihsan, birlik ve kardeşlik, ziyaretleşme, hediyeleşme, ziyafet verme, misafirperverlik gibi faziletlere dair hadisler genel olarak yardımlaşma ve dayanışmayı teşvik eden ifadelerle doludur. Bunu en güzel dile getiren hadislerin birinde, "Müminler birbirini sevmekte, birbirine acımakta ve himaye etmekte, bir organı hasta olduğunda diğerleri de acı çekip uykusuz kalan bir bedenin organları gibidir" buyurulmuştur.[21] İslam kaynaklarında, bir arada yaşamanın başlıca ahlaki temellerini ve bunların önemini veciz bir üslupla dile getirmesi bakımından bu hadise büyük önem verildiği ve sıklıkla zikredildiği görülür.

Toplumsal birlik ve dayanışmanın en ileri derecesi İslam ahlak literatüründe îsar kavramıyla ifade edilir. "Bir kimsenin, kendisi ihtiyaç içinde olsa bile, elindeki bir imkânı başkası-

---

20 Buhârî, "Edeb", 36.
21 İbn Hanbel, *el-Müsned*, IV, 270; Buhârî, "Edeb", 27; Müslim, "Birr", 66.

nın ihtiyacı için kullanması" anlamına gelen ve Türkçe'de **diğerkâmlık**, özgecilik, özveri gibi kelimelerle ifade edilen îsâr, cömertlik faziletinin zirvesi sayılmıştır. Îsar kavramının geçtiği, bu fazilete esas olarak gösterilen ayette, müşriklerin baskı ve zulümleri yüzünden bütün varlıklarını Mekke'de bırakarak Medine'ye göç etmek zorunda kalan Hz. Peygamber'i ve diğer muhacirleri şefkatle kucaklayıp mal varlıklarını onlarla paylaşan Medineli Müslümanlar (Ensar) övgüyle anılmaktadır. Ayette, onların şahsında Müslüman toplumun bazı temel manevi ve ahlaki özelliklerine temas edilir. Buna göre Müslümanlar, öncelikle imanı gönüllerine yerleştirmişlerdir; ayrıca zor durumda kalıp kendi beldelerine gelenleri –Ensar'ın yaptığı gibi- sevgiyle kucaklar, onlara kendilerinden daha fazla imkân sağlanmasından dolayı içlerinde kıskançlık duymazlar. Nihayet ihtiyaç içinde olsalar dahi onları kendilerine tercih eder, şahsî menfaatlerinden, zevklerinden fedakârlıkta bulunurlar. Âdeta model bir Müslüman toplumu tanımlayan bu ayetin son kısmında, nefsinin cimrilik eğilimlerinden kendini koruyabilenlere ebedî kurtuluşu kazanacakları müjdelenirken, dolaylı olarak îsar'ın bu yöndeki psikolojik etkisine de işaret edilmektedir.[22]

İslam kaynaklarındaki bu tür teşvikler, bencillik, hoyratlık, ayrışma ve çatışma gibi yıkıcı eğilimlerin hâkim olduğu cahiliye kültüründen süratle İslam'ın birlik, kardeşlik ve dayanışma kültürüne geçişi sağlamış, bir ahlak ve erdem medeniyetinin temellerini hazırlamıştır. Bu medeniyetin **"vakıf medeniyeti"** şeklinde tanımlanması, hem vakıfların İslam medeniyeti içindeki belirleyici rolünü hem de "îsar" adı verilen Müslümanlardaki hayır yapma aşkının insanlık vicdanında bıraktığı takdir ve hayranlık duygusunu gösterir. Vakıflar, ilk örneğini Hz. Peygamber'in gerçekleştirdiği, sonraki dönemlerde hem sayısı hem de hizmet çeşitleri hızla genişleyen hayır kurumlarıdır. Kur'ân-ı Kerîm'in talimi ve Resûl-i Ekrem'in örnekliğiyle gelişip güçlenen bu kurumlar, tarih boyunca birlikte yaşama iradesinin,

---

22 Kurtubî, *el-Câmi' li-Ahkâmi'l-Kur'ân*, Kahire 1386, XVIII, 27.

farklı toplumsal kesimler arasında iletişim ve dayanışmayı sağlayan sevgi, saygı, şefkat ve feragat gibi ahlaki erdemlerin ve sonuçta sosyal barışın sembolleri olmuştur.

Sonuç

Buraya kadar sunduğumuz kısa bilgi ve değerlendirmeler bile İslam'ın birlikte yaşamaya çok büyük bir önem verdiğini ve bunun için sağlam ahlaki temeller oluşturduğunu ortaya koymaktadır. Tarihsel tecrübe de İslam'ın bu hususta zengin bir barış, müsamaha ve uzlaşma kültürü oluşturduğunu gösterir. Şu hâlde bugün İslam dünyasında üzüntüyle izlediğimiz nefret, ayrışma ve şiddet psikolojisiyle bunun dışa yansıması olan toplumsal ayrışma, bölünme ve kopmaların, kitlesel çatışmaların, şiddet ve terör olaylarının, İslam'ın arz etmeye çalıştığımız ilkeleri ve kültürel birikimiyle taban tabana zıt ve ona yabancı olduğu kesindir. Bu üzücü manzaranın gerçek kaynağının ve sebeplerinin neler veya kimler olduğundan emin olamasak bile, İslam kaynakları ve kültürüyle bağdaştırılamayacağı açıktır.

Hakikatte İslam'ın aslî kaynakları ve onların üzerine temellendirilen İslam uygarlığı, bugün dahi özlemle andığımız, bütün insanları hatta canlı ve cansız tabiatı şefkatle kucaklayan bir ahlak zihniyeti geliştirmiş ve bunu kültürümüzün dış etkilerle dejenere olmaya başladığı geçen yüzyılın başına kadar yaşatmıştır. Şu hâlde, uygulayıcıları veya başkaları tarafından bu şiddet olaylarının İslam'la ilişkilendirilmesi, İslam'ın hem yukarıda arz ettiğimiz teorik yapısına hem de tarihsel tecrübesine aykırıdır; dolayısıyla bu nevzuhur şiddet kültürünü İslam'a bağlayan iddiaların arkasında kötü niyetli düşünce ve projelerle birlikte korkunç bir bilgisizlik bulunmaktadır.

Gelişmeler gösteriyor ki, İslam toplumlarının birçoğunda görülen ayrışma ve şiddet olgusu, Hz. Peygamber'in[23] ısrar-

---

23 Meselâ bk. Tirmizî, "Edeb", 78; Fiten", 7; Nesâî, "Tahrîmu'd-dem", 6; Ebû Dâvûd, "Salât", 46.

la yaşatılmasını emrettiği **cemaat** (bir arada yaşama) ruhunu tahrip etmekte; yine onun ısrarla yasakladığı **tefrika** (ayrışma, parçalanma) temayüllerini beslemektedir. Bu nefret, ayrışma ve şiddet olgusunun farklı sebepleri bulunabilir. Ancak –kanaatime göre- bu sebepler içinde en önemli ve belirleyici olanı, birçok Müslümanın kendi dininin aslî kaynaklarını, bin dört yüz yıllık kültürel birikimini, tarihî tecrübesini ve içinde yaşadığımız çağın gerçeklerini doğru okuyamamasıdır; doğru okumasını engelleyen basiret, irfan ve hikmet yoksunluğu, zihinsel gerilik ve dar görüşlülüktür. Şiddeti besleyen ahlaki sorunların temelinde de bu gerilik var. Çünkü ahlakın birinci şartı, iyilik ve kötülüğün ne olduğunu bilmek, ikinci şartı, saptırıcı duyguların ve ihtirasların köleliğinden kurtulmaktır. Birçok Müslümanın dinimizi doğru anlamasının önünde de bu engeller bulunmaktadır. Bu yüzden birçok "dindar" insan da şiddete sapıyor; masum insanları, hatta eşini, kardeşini ve daha başka yakınlarını dahi öldürüyor. Sonunda bu sorun, kendi dindaşlarını katliama tabi tutacak kadar kitlesel boyutlara ulaşabiliyor.

İslam dünyasında birlikte barış içinde yaşamanın önündeki en büyük engel olan ve böylesine büyük sorunlar üreten bu zihinsel geriliği ve ahlaki yozlaşmayı giderme görevinin de en başta dinî ve akademik kurumların omuzlarında olduğu kanaatindeyim.

'Medine vesikası' diye de adlandırılan bu anayasa, ilk İslam şehir devletinin anayasası olma özelliği yanında, yeryüzünde bir devletin ortaya koyduğu ilk yazılı anayasa olma özelliğini de taşımaktaydı.

Asr-ı Saadette
Birlikte Yaşama Ahlakı
Bazı Tespitler ve Örnekler

Prof. Dr. Raşit KÜÇÜK
İSAM Başkanı

Müslümanların tarihinde olduğu kadar insanlık tarihinde de önemli bir isimlendirme olan "asr-ı saadet" tabiri, Allah'ın yeryüzüne gönderdiği son elçisi Hz. Muhammed (s.a.s.)'in kendisine peygamberlik verildikten sonra yaşadığı zamanın adıdır. Mutlu zaman anlamına gelen asr-ı saadet, fert ve toplum ölçeğinde bir gerçek olarak yaşanmış, hemen tüm yönleriyle İslam toplumunun geleceğine ışık tutmuş ve örneklik teşkil etmiştir. Bu özelliği sebebiyle de tüm zamanların Müslümanları tarafından özlemle hatırlanmış ve hatırası tüm yönleriyle korunmuş bir zaman dilimi olma özelliği taşır. Hz. Peygamber'in talimi, terbiyesi, gözetim ve denetimi altında yetişmiş sahabe topluluğunun hayat serüveni, bu kutlu zaman diliminin mihverini, ana eksenini teşkil eder. Allah'ın insanlığa gönderdiği son ilahî kitabı bize Cenab-ı Hakk'ın katından geldiği gibi eksiksiz ulaştıran, Hz. Peygamber'in sünnetini ve hadislerini beşer gücünün yettiği ölçüde noksansız koruyup muhafaza ederek sonraki nesillere aktaran, kendi aralarındaki her türlü ilişkiyi aleyhlerine bile olsa doğruluktan ayrılmayarak nakletme faziletini gösteren ashab-ı kiram da "örnek nesil" olarak anılmayı hak etmiştir. Resûl-i Ekrem Efendimizin ashabı hakkındaki pek çok hadisinden biri olan şu rivayet, onların değerini anlamamıza yeterli delil sayılabilir: "İnsanların en hayırlısı ve faziletlisi, benim zamanımda -benimle birlikte- yaşayanlar, sonra onları takip eden nesil, sonra da onları takip edenlerdir"[1]

Bahse konu ettiğimiz bu mutlu zaman dilimi, ilk vahyin indiği mübarek mekânlarda geçirilen zamanları, İslam'ın ilk tebliğine muhatap ve ilk Müslümanlar olma şerefine nail olan aziz sahabileri, Kur'an'ın "şehirlerin anası" diye nitelediği kutlu şehir Mekke'nin peygamberin yaşadığı yıllarını da kapsar. Karşılaşılan büyük zorlukların nasıl aşılabileceğinin öğretildiği, her türlü eziyet ve işkenceye göğüs germenin eşsiz örneklerinin sergilendiği, tevhid inancının değişmez ve eskimez temellerinin atıldığı, dininin ve inancının gereğini rahatça yaşayabilmek için Müslüman fertlere başka diyarlara hicret izninin verildiği Mekke dönemi, İslam dininin tarihî seyri içinde kendine has üstün bir kıymeti haiz olup, aynı zamanda büyük bir önem arz eder. Bütün bu gerçekler sabit olmakla birlikte, özellikle beşeri ilişkilerdeki çeşitlilik, siyasi ve sosyal gelişim ve değişimdeki hareketlilik, İslam toplumunun devlet hayatına geçiş merhalesi, başka toplumlar ve ülkelerle ilişkiler düzeninin gelişimi, savaş hukuku ve benzeri pek çok konu açısından Medine dönemi, asr-ı saadetin özünü ve ruhunu teşkil edegelmiş ve daima öne çıkarılmıştır. Şüphesiz bunun haklı gerekçeleri de vardır.

Hz. Peygamber'in hicret ettiği ve hayatının geri kalan kısmını içinde geçirdiği şehir olan Medine'den de çok kısa bahsetmek gerekir. Medine'nin o günkü adı Yesrib idi. Bu şehirde Arapların muhtelif kabileleri ile birlikte hiç de küçümsenmeyecek miktarda Yahudi toplumu yaşamaktaydı. Fakat burada kabileler arası bölünüp parçalanmalar, aralarında sıklıkla cereyan eden ve uzun yıllar süren savaşlar, her bir kabileyi insan varlığı açısından iyice güçsüz hâle getirmiş ve son derece yıpratmıştı. Bu harplerden bazıları kabileler arasında yüz yirmi yıl gibi uzun

---

1 Muhammed İbn İsmail el-Buharî, *es-Sahîh*, Mısır, trs., *Fazâilu ashâbi'n-Nebî* 1; Müslim İbnu'l-Haccâc, *es-Sahîh*, nşr. Muhammed Fuâd Abdulbâkî, Kahire, 1374/1955, *Fezâilu's-sahâbe* 212.

bir müddet devam etmiştir.² İslam'ın hemen öncesinde cereyan eden bu savaşlar esnasında, ileri gelen müşrik kabile başkanlarından birçoğu öldürülmüştü. Hz. Âişe, bu durumu, İslam'ın Medine'de yayılması için bir şans olarak görür ve bu müşrik liderlerin sağ olmaları durumunda Resûlullah'ın tebliğini engellemek için faaliyet göstereceklerine, bireylerin ve toplumun Müslümanlaşmasına ve İslam'ın başarısına karşı mücadeleye girişeceklerine inandığını söyler.³

Hz. Peygamber'in Medine'ye hicret etmesinden önce meşhur Akabe biatlarında Evs ve Hazrec kabilelerine mensup az sayılmayacak miktarda Medineli İslam'ı kabul eder ve hem bu şehre hicret edecek Müslümanları hem de Allah'ın Resûlünü kendi canlarını korudukları gibi koruyacaklarına söz verirler. Böylece hicretin zemini hazırlanmış olur. Daha sonra Resûl-i Ekrem'in müsaadesi ile Mekke'den Medine'ye hicret başlar. Bu Medineli Müslümanlar, Mekke'den göç eden muhacirlere olan hayırhahlıkları ve tarihte benzeri görülmemiş yardımseverlikleri sebebiyle "ensâr=yardım ediciler" diye adlandırılır. Enes İbni Mâlik'in naklettiğine göre onlar bu isimle ilk defa Kur'an'da anılmışlardır.⁴ Ensarın bu unvanla adlandırılışı, Tevbe sûresinin 100 ve 117'nci ayetlerinde muhacirlerle birlikte anılır ve Cenab-ı Hak, her iki topluluktan hoşnutluğunu ifade eder.

Resûl-i Ekrem, Medine'ye hicretinin yaklaşık beşinci ayında, Mekke'den gelen Muhacirler ile Medine'de yerleşik Evs ve Hazrec kabilelerinden Müslüman olmuş ensarın aile reislerinin katıldığı büyük bir toplantı tertipler. Bu toplantıda Mekke'den gelenlerin bu yeni yerleşim merkezine uyumlarını kolaylaştırmak, aynı zamanda hayatlarını idame ettirmenin yollarını belirlemek ve iki ayrı toplumun birlikte yaşama projelerini

---

2   Ali İbn Abdullah es-Semhûdî, *Hulâsatû'l-vefâ bi ahbâri dâri'l-Mustafâ*, thk. Muhammed el-Emîn Muhammed Mahmûd Ahmed el-Cekenî, el-Medînetu'l-munevvere, 1418/1998; I, 572.

3   Semhûdî, a.g.e., I, 575.

4   Buharî, *Kitâbu menâkibi'l-ensâr* 1.

konuşmak mümkün olur. Neticede Peygamberimiz şu teklifte bulunur: Medineli her bir aile reisinden geçim şartları ve refah seviyesi müsait olanlar Mekkeli bir muhacir aileyi kendi yanına alacak, her ikisi müşterek çalışacak, kazançlarını paylaşacak, hatta birbirlerine mirasçı da olacaklar. Daha sonra Kur'an'ın buyruğu doğrultusunda Resûl-i Ekrem, aralarında kan akrabalığı olup, mirası hak edenler dışında birbirlerine mirasçı olabilmeleri şartını tamamen ortadan kaldırır. Toplantıya katılanlar bu formülü kabul ederler. Tarihte benzerine rastlamadığımız bu önemli olay, İslam geleneğinde "muâhât=kardeşlik akdi" olarak adlandırılır. Böylece muhacir-ensar kardeşliği gerçekleşmiş olur. Peygamberimiz, Mekke'den gelen bir grup muhaciri Medineli ensarın yanına yerleştirir. Bu yerleşimin bir kısmı kura çekilerek yapılır. Kardeş kılınanların sayısı hakkında çeşitli görüşler vardır. 82 kişi, 90 kişi, 100 kişinin kardeş kılındığı ifade edilir. Bu rakamlar muhtemelen tespit edilebilenlerden hareketle söylenilen rakamlardır. Bazı kaynaklara göre ise bu şekilde yerleştirilen aile sayısı 186'dır.[5] O kadar ki, ensardan olan Müslümanlar Peygamberimizden sahip oldukları arazilerinin yarısını kendilerinden alıp Mekkeli Müslümanlara vermesini isterler; fakat Allah Resûlü ve Mekkeli muhacirler bunu kabul etmezler[6]; muhacirler ensardan olan kardeşlerine, mukabil bir teklifte bulunarak, kira akdi ile arazilerinizi bize kiralayın, derler.

Ensar ile muhacirler arasındaki kardeşliğin çok dikkat çeken ve ne zaman hatırlansa kıymetinden bir şey eksilmediği görülen hatıraları vardır. Peygamberimizin Medine'de ilk ikamet ettiği mahal olan Kuba Mescidini, sonra da Medine'nin en önemli binası ve en kıymetli mekânı olan Mescidu'n-Nebî'yi de ensar ve muhacirler müştereken inşa ettiler. Ensar veya muhacirlerden herhangi biri için ikamet mekânı olacak bir ev bina edileceğinde de aynı yardımlaşmayı birbirlerinden esirgeme-

---

5 Çeşitli görüşler için bk. M. Asım Köksal, *İslam Tarihi* (Medine), İstanbul 1987, I, 110.
6 Buharî, *Kitâbu menâkibi'l-ensâr* 3.

diler. Hurma bahçelerinde birlikte çalıştılar; Medine pazarını birlikte kurdular. Hz. Ömer'in anlattığına göre, kendisi ile ensardan kardeş edindiği sahabi, zamanı bile paylaşmakta idiler. Hurma bahçesinde bir gün kendisi bir gün kardeşi çalışır; bahçede çalışmayan o gün Hz. Peygamber'in yanına giderdi. Akşam olunca bir araya gelirler, Resûl-i Ekrem'in yanında bulunan diğer kardeşine, o gün inen bir sûre veya ayet varsa onu bildirir ve başkaca öğrendiklerini nakleder, böylece her biri, o gün öğretilen bilgiden mahrum kalmamış olurdu. İmam Buharî, bu gerçeklikten hareketle meşhur eseri "es-Sahîh"'de "İlmi Nöbetleşe Öğrenme=et-tenâvubu fi'l-ılm" konusunu müstakil bir başlık hâline getirmiştir.[7]

Ensar ile muhacirler arasında akdedilen ahdî kardeşlik, Medine'de Müslüman toplumun birlik ve bütünlüğünü sağladığı gibi, en büyük manevi dayanışmayı gerçekleştirmiş olmanın yanında, ekonomik sıkıntıların aşılmasının, yurdundan ve yuvasından ayrılmış olan muhacirlerin garipliğinin giderilmesinin, yardım edilerek yaşayan insanlar olmanın psikolojik ezikliğinden kurtulmalarının vesilesi olmuştur. Mekke'nin ilk Müslüman olanlar için çok ağır, dayanılmaz derecede zorlayıcı şartlarında yetişen muhacirler, kazandıkları engin tecrübeyi ensar ile paylaşma ve onlara bir nevi önderlik yapma imkânı buldular. Medine'de inkârcı müşrikler, yeni ortaya çıkan münafıklar ve her türlü fitneyi teşvik eden Yahudilere karşı birlikte hareket etme ruhuna ve disiplinine sahip oldular. Bu ruh ve madde birlikteliği ve zihniyet dönüşümü, Kureyş müşriklerinin Medineli Müslümanları askerî açıdan tehdit etmelerini de önemli ölçüde sınırlayan bir etken oldu. Daha sonra kaçınılmaz olarak icra edilen askerî seferlerde, bu kardeşlerden biri gönül huzuru içinde cepheye giderken, diğeri Medine'de kalmak suretiyle ailelerin her türlü sıkıntısını giderme vazifesini üstlendi. Ayrıca farklı kabileleri kapsayan bu kardeşlik sayesinde Araplar arasında olması muhtemel kabilecilik ayrımlarının

---

7   bk. Buharî, *Kitâbu'l-ılm*, 27'nci bâb.

ortaya çıkaracağı düşmanlıkların ve hatta kabile savaşlarının da önüne geçilmiş oldu. Bu ahdî kardeşlik akdi, tarihleri boyunca Müslüman milletler ve topluluklar üzerinde derin etkiler meydana getirdi. Esasen müminlerin kardeş olduğunu beyan eden Kur'an'ın öğretisinin ilk ve en müşahhas örneklerinden biri, bizzat Hz. Peygamber tarafından icra edilmiş olanı, ensar ile muhacirler arasında cereyan eden bu ahdî kardeşlik akdi olmuştur. Çeşitli coğrafyalarda bu ilk muâhât örneğinden hareketle başvurulduğunu bildiğimiz kardeşlik sözleşmeleri, Müslüman toplulukların birlik ve beraberliklerinin ana unsurlarından birini teşkil etti. Günümüzde bile yeni Müslüman olan topluluklarda veya büyük felaketlerle karşılaşan Müslümanlar arasında bu kardeşlik uygulamasını görmemiz mümkündür.

Medine halkı, Araplar ve Yahudilerden müteşekkildi. Hz. Peygamber'in emri ile yapılan ilk nüfus sayımında şehirde 1500 Müslüman olduğu tespit edildi. Bunu nakleden sahabi Huzeyfe: "Biz bin beş yüz kişinin adını yazıp Resûlullah'a getirdik" demektedir.[8] Fakat Medine'de henüz İslam ile şereflenmemiş birçok Arap kabilesi mensubu kimseler de bulunmakta idi. Arap kabileleriyle hemen aynı sayıda Yahudi nüfus Medine'de ikamet ediyordu. Hristiyanlar, bu şehirde yok denecek kadar az idi. Medine'nin toplam nüfusunun hicretin başlangıç yıllarında on bin civarında olduğu tahmin edilmektedir. Ne var ki Medine'nin müşterek bir yöneticisi veya kolektif bir yönetimi bulunmuyordu. Yukarıda da ifade ettiğimiz gibi bu şehirde yaşayan halk, kardeş kavgalarından ve uzun süren savaşlardan bıkıp usanmıştı. Dürüstlüğü ve güvenilirliği ile ün yapmış ve herkesin kendisine bu açıdan saygı duyduğu İslam peygamberinin bu şehre gelmiş olması, aynı zamanda dışarıdan gelen biri olma avantajını da taşıması, birbirlerine karşı düşmanlık besleyen şehir halkının müşterek başkanlığı için önemli bir şans teşkil etmekte idi. Hz. Peygamber'in önderliğinde hem Müslüman olmuş sahabe topluluğu hem henüz İslam'ı kabul

---

8 Buharî, *Kitâbu'l-cihâd* 181.

etmemiş müşrik Araplar hem de gayrimüslim Medineliler ile yapılan görüşmeler sonunda bir şehir devleti ortaya çıkarma konusunda uzlaşmaya vardılar. Böylece sadece aralarında ahdî kardeşlik akdedilmiş olan ensar ve muhacirler değil, Müslüman olsun olmasın Medine'de yaşayan her bir fert, güvenlik halkası içine alınmış olacaktı. Bu ümit verici teşebbüslerin tamamı Resûl-i Ekrem'in öncülüğünde gerçekleşmekte idi. Neticede bu devletin yazılı bir anayasa metni ortaya çıktı. "Medine vesikası" diye de adlandırılan bu anayasa, ilk İslam şehir devletinin anayasası olma özelliği yanında, yeryüzünde bir devletin ortaya koyduğu ilk yazılı anayasa olma özelliğini de taşımaktaydı.[9]

Medine site devletinde Mekke'den hicret etmiş muhacirler ile şehrin yerleşik ahalisinden İslam'ı kabul etmiş ensardan oluşan Müslümanlar, Müslüman olmayan müşrik Araplar, gayrimüslim Yahudi kabileleri ve tüm ahalinin bir arada, barış içinde ve bazı müşterek idealleri paylaşarak yaşamalarını temin edeceğine inanılan bu anayasa üzerinde özellikle durmamız gerekir. Fakat onun bütün maddelerinden bahsetmek veya her maddenin tahlilini yapmak, bu yazının hem maksadını hem hudutlarını aşar. Bu sebeple, sadece birlikte yaşama kültürünü oluşturan sosyal muhtevalı maddelerinin en önemli birkaç esasına temas etmekle yetineceğiz. Diğer taraftan müminler ile kâfirler arasında olması gereken ilişkinin yapısından bahsetmek de şimdilik konumuzun dışındadır. Zira bu hukuki statü, Kur'an'ın onlarca ayeti esas alınarak ve Resûl-i Ekrem'in sünnetindeki uygulamalar göz önünde bulundurulmak suretiyle tamamen müstakil bir kanun mecmuası teşkil edecek kadar geniştir. Belki şu kadarını ifade etmek gerekir: Müminler birbirlerine iman bağıyla bağlı tek bir cephe; kâfirler ise müminlerin karşısında yer alan ayrı bir cephedir. Onlara karşı insani ilişkilere gelince, ister mümin ister kâfir olsun akrabalarımıza karşı dünyevi görevlerimizi yerine getirmek gerekir. Onların

---

9   Bilgi için bkz. Muhammed Hamidullah, *İslam Peygamberi*, terc. Salih Tuğ, İstanbul 1991/1412, I, 202-210.

dertlerine ortak olmak, ihtiyaç sahibi olanlarına yardım etmek, hasta olanlarına bakmak ve yakınlık göstermek, merhamet ve sempati hisleri taşımak, haklarını korumak asla yasaklanmış değildir. Bilakis bunları yerine getirmek, dini nokta-i nazardan görevlerimiz arasındadır. Diğer taraftan İslam âlimlerinin birçoğu, kâfir de olsalar günümüzde "insan hakları" diye adlandırılan her bir ferdin korunması gereken hukukunu korumanın Müslümanların üzerine bir görev olduğunu ifade eder.

Medine sözleşmesinin yani anayasanın ilk maddesi, İslami/dinî olduğu kadar siyasi bir topluluk oluşturmanın hedeflendiğini açıkça ortaya koyar. Aynı madde, herhangi bir saldırı durumunda saldırgana karşı savaşmaya razı olan Müslüman veya Müslüman olmayan Arap kabileleri ile gayrimüslim toplumların bir bütünlük arz ettiğini teyid eder. Anayasadaki ifade ile bu farklı insan unsurlarından oluşan topluluğun adı "ümmet"tir ve ümmetin bütün unsurları, haklarda eşitlik esasına bağlıdırlar. Herkese adalet götürülmesi, merkezî otorite tarafından organize edilecek ve bu görev asla tek ferdin takdirine bırakılmayacaktır. Hiçbir caniye sığınma ve eman hakkı tanınmayacak, aralarında ihtilaf çıkan kim olursa olsun, Allah, kanunların ve adaletin yegâne kaynağı olacak ve Allah Resûlü, en yüksek hakemlik mercii kabul edilecektir. Ayrıca bu anayasada, harpte esir düşenlerin kurtarılması, öldürme veya yaralama gibi hâllerde kısas tatbiki yerine kan diyeti ödeme gibi bir nevi sosyal sigorta kurumu vazifesi gören yapılanmalar yer almıştır. Yahudi toplumu ile ilgili maddeler, onların ne gibi haklara sahip olacaklarını ifade etmektedir. Şu esaslar çok dikkat çekicidir: "Yahudilerden her kim bize uyarsa ona yardım edilecek ve bizimle eşit olacaktır; onlar incitilmediği gibi düşmanlarına yardım da edilmeyecektir. Yahudiler kendi dinlerinde, Müslümanlar da kendi dinlerinde kalacaklardır. Saldırıya uğrarlarsa herkes yardıma gelecektir. Yesrib vadisi bu anlaşmaya katılan herkes için aziz ve taarruzdan masum kılınacaktır."[10] (Bu yazının ilgilendiği alan itibariyle ilgili anayasanın devlet yapısını konu alan hükümlerinden ve sair detaylarından bahsetmek uygun olmaz.) Muhacirler ve ensardan müteşekkil Medine İslam toplumu, Hz. Peygamber'in önderliğinde bir "örnek nesil" oluşturdu. Ana esasları Kur'an'la belirlenmiş ve Resûl-i Ekrem'in uygulamalarıyla hayat hâline gelmiş olan üstün ahlaki nitelikler, bu sahabe topluluğunu şekillendirdi ve insanlık ailesi için bir iftihar tablosu hâline getirdi. Burada onları örnek nesil kılan ahlaki umdelerden öncelikli gördüğümüz sadece birkaçını zikretmek, konuyu anlamamıza yardımcı olabilir. Seçeceğimiz noktasal örnekler, ele aldığımız konunun da tamamlayıcı bir unsuru olması açısından, Müslüman toplumlarda birlikte yaşama kültürünün oluşumuna katkı sağlamış temel verilerin küçük örneklerinden ibarettir.

Kur'an-ı Kerim, bir İslam insanının, iyi bir Müslümanın kendisi için örnek alması gereken kişinin (üsve-i hasene) Hz. Peygamber olması icap ettiğini bize öğütler. Peygamberimizin en önemli vasıflarından biri, insanlar ile iyi ilişkiler içinde olması (hüsn-i muâmelesi)dır. Çünkü insan ilişkileri, hayatın her alanını, tüm insanların vazgeçilmez haklarını, alışverişi, ölçüyü ve tartıyı doğru yapmayı, helal şeyleri yiyip içmeyi, iyilerle oturup kalkmayı, edep kurallarına riayeti, karşılıklı konuşmayı ve ahitleşmeyi, yol arkadaşlığını, adaleti gözetmeyi, zulümden kaçınmayı, emaneti korumayı, sözünde durmayı, iyi komşuluğu, kısaca aklımıza gelen benzeri işlerin her birini kapsar. Saydığımız ve burada sayılması uzun bir liste oluşturacak kadar çok olan benzer konuların her biri, sahabe toplumunda azımsanmayacak miktarda uygulamalı örneği bulunan ve sahih yollarla bize intikal etmiş hususlardır. Kur'an'ın çok sayıda ayeti, Müslüman bireylerin ve onların oluşturduğu toplulukların temel ahlaki

---

10 *Siret Ansiklopedisi Hz. Muhammed*, Hazırlayan: Afzalurrahman, terc. Kurul, İstanbul 1996/1417, III, 357.

kurallarından bahseder ve onlara istikamet gösterir.[11] Resûl-i Ekrem Efendimizin sünnet-i seniyyesi de bu Kur'ani düsturları hayat hâline getirerek, Müslüman fertler ve toplumlarda sahih ve sağlıklı yansımasının nasıl olması gerektiğini ortaya koyar. Sahabenin, yukarıda bir kısmının adlarını saydığımız konularda geliştirmiş oldukları ahlaki meziyetleri anarken, Hz. Peygamber'in onların bu davranışlarına dayanak teşkil eden hadislerinden sadece birkaçına işaret etmekle yetineceğiz:

İslam'ın en önemli özelliklerinden biri, kolaylık ve müsamaha dini olmasıdır. Özellikle genel yapısından bahsettiğimiz Medine toplumu gibi çok ırklı, çok dilli, değişik inanç ve kanaatlere sahip insanların oluşturduğu millet ve toplumlarda kolaylık ve müsamaha, büyük önem arz eder. Müsamaha, İslam kelimesi ile birlikte düşünülmelidir. Çünkü İslam kelimesi, barışa girmeyi ve kurtuluşa ermeyi ifade eder. Toplumsal barışın en önemli unsurlarından biri ise, kolaylığı, yumuşak davranmayı, hata ve kusuru görmezden gelmeyi ifade eden müsamahadır. Peygamberimiz şöyle buyurur: "Hiç şüphesiz bu din kolaylıktan ibarettir. Hiçbir kimse yoktur ki, din hususunda kendini zorlasın da din o kişiye galip gelmesin."[12] Şu hâlde her şeyi miktarınca yapmak ve haddi aşmamak esastır. Allah'ın, kulları için zorluk değil kolaylık istediği Kur'an'ın bildirdiği gerçeklerden biridir.[13] Bu konuda onlarca ayet zikretmek mümkündür. Yine Peygamber Efendimiz: "Allah'a en sevimli olan din, tevhid esasına dayalı müsamaha dinidir (el-hanefiyyetü's-semha)"[14]; "Ben tevhid esasına dayalı müsamaha dini ile gönderildim"[15] anlamındaki hadislerinde,

---

11 Sadece birkaç örnek için bkz. Mâide 5/1; En'âm 6/152; Hûd 11/85; İsrâ 1/34-35; Şuarâ 26/181-182; Mutaffifin 83/1-3.
12 Buharî, *Kitâbu'l-îmân* 29; Nesâî, *Kitâbu'l-îmân* 28.
13 Bakara, 2/185.
14 Buharî, *Kitâbu'l-îmân* 29; Ahmed İbni Hanbel, el-*Müsned*, Beyrut, trs., I, 236.
15 Ahmed İbni Hanbel, *Müsned*, VI, 116, 233.

İslam'ın ahlaki erdem ve faziletlerinden biri olan müsamahaya ne kadar önem verdiğini ortaya koymuşlardır.

Hz. Peygamber, müsamahayı teşvik ederken, zulüm ve haksızlıktan da şiddetle sakındırmıştır. Çünkü zulüm, adalet duygusunu ortadan kaldıran ve toplumu helâka sürükleyen en kötü hasletlerden biridir. Medine site devletinde Hz. Peygamber'in, zulmü ortadan kaldırmak, adaleti ikame etmek için her türlü gayreti gösterdiğine ve sahabe-i kiramın da bu yönde hassasiyetler geliştirdiğine şahit olmaktayız. Efendimiz şöyle buyurur: "Zulümden sakınınız; çünkü zulüm kıyamet gününde karanlıklar olacaktır. Cimrilikten de sakınınız; zira cimrilik sizden öncekileri helâk etmiş, onları birbirinin kanını dökmeye, haramlarını helal saymaya sevk etmiştir."[16] Kur'an ve sünnetin özenle üzerinde durduğu ve Müslümanları her türlüsünden sakındırdığı konuların başında zulüm gelir. Kendileri Kureyş müşriklerinin birçok zulmü ile karşılaşmış olan sahabiler, haksızlığın her türlüsünü zulüm saymış ve zulümden sakınma konusunda daima birbirlerini uyarmışlardır. Zulüm adaletin zıddı olup, toplumları çökerten, fertleri de dünya ve ahirette helâka sürükleyen kötü hasletlerin başta gelenlerindendir.

Cimrilik de sakındırıldığımız kötü huylardan biridir. Cimriliğin zıddı sahâvet yani cömertliktir ve cömertlik bir fazilettir. Sahabe-i kiramın zengin sayılmayanları bile elinde bulunandan fakir ve yoksul olanlara vermek suretiyle cimrilikten uzak durmayı ahlaki meziyetlerinin önemlilerinden biri hâline getirmişlerdir. Sahabe hayatı ile ilgili eserlerde bunun çok çarpıcı örneklerine rastlanır. Günümüzde bile sahabe neslinden gelen insanların nesilden nesile intikal edip gelen cömertliğini görmemiz mümkündür. Bu ahlaki meziyetler, insanlar arasındaki sevgiyi, saygıyı, samimiyeti, kardeşlik duygusunu, birbirine güveni artırıcı özelliklerdir. Esasen Hz. Peygamber, müminlerin birbirini sevmede, birbirine merhamette ve birbirlerine şefkatli

---

16 Müslim, *Kitâbu'l-birr ve's-sıle* 56.

davranmada bir tek vücut gibi olduklarını, vücudun bir uzvu hastalanırsa bütün cesedin bundan rahatsızlık duyup uykusuz kalacağını bildirir.[17] Müslüman bilincinin oluşumunda bu ve benzeri rivayetler büyük önem arz etmektedir.

Zulme karşı en önemli tedbir ve icra edilecek amel, adalet ve müsâvâttır. Kur'an'ın onlarca ayeti, bu iki kavramı yüceltir. Müsâvât yani eşitlik, bir hakkın herkes için aynı olması, adaletin hakkıyla yerine getirilmesi sayesinde gerçekleşir. Dolayısıyla adalet, müsâvâtı gerçekleştirmek için vardır ve onun tahakkuku için icra edilir. Adalet, her hak sahibine hakkını vermekle mümkün olur. Resûl-i Ekrem'in terbiyesinde yetişen sahabe-i kiramın adalet konusunda ne derece dikkatli ve hassas olduklarını yakinen bilmekteyiz. Eşlerine, çocuklarına, yakın ve uzak akrabalarına, komşularına, tüm insanlara karşı adaletli davranmak onların şiarı idi. Hz. Peygamber: "Kıyamet gününde insanların Allah'a en sevimli olanları ve O'na en yakın olacaklar, adalet sahibi devlet başkanı; Allah'a en sevimsiz olanlar ve en uzak olacaklar da zalim yöneticilerdir" buyurur.[18]

Yakın akrabayı koruyup gözetmek, onları himaye etmek, kendileri ile ilişkiyi kesmemek, akrabalık bağlarını koparmamak, dinimizin önem verdiği prensiplerden biridir. Asr-ı saadette Medine İslam toplumunda buna gerekli itinanın gösterildiğine de şahit olmaktayız. Bir adam Resûl-i Ekrem'in huzuruna geldi ve:

- Ey Allah'ın elçisi! Benim akrabalarım var, ben onlara sıla-i rahimde bulunuyor, kendilerini ziyaret ediyorum, onlar ise benimle ilişkiyi kesiyorlar. Ben onlara iyilik ediyorum, onlarsa bana kötülük. Ben onlara yumuşak davranıyorum, onlar bana karşı cahillik yapıyorlar, diye şikayette bulundu. Peygamberimiz o kişiye: "Eğer sen dediğin gibi isen, sanki onlara sıcak

---

17 Buharî, *Kitâbu'l-edeb* 27.
18 Muhammed İbn İsâ et-Tirmizî, *es-Sünen*, nşr. Ahmed Muhammed Şakir ve arkadaşları, Kahire 1356; *Kitâbu'l-ahkâm* 4.

kül yediriyor gibisin. Sen bu hâl üzere devam ettiğin müddetçe Allah tarafından onlara karşı senin yanında daima bir yardımcı bulunacaktır" buyurdu.[19] En yakınlarımızdan başlamak üzere hısım akrabayı koruyup gözetmek, onlarla ilişkileri kesmemek, iyilik ve ihsana yakınlarımızdan başlamak ve bu halkayı mümkün olduğunca genişletmek dinimizin bize tavsiye ettiği, hatta bazı konularda mükellefiyet yüklediği hususlardır. Bunun din dilindeki adı sıla-i rahim yani yakınlarla bağı sağlam tutmak, ilişkiyi kesmemektir. Kaynağını yine Kur'ân-ı Kerim'den alan bu konudaki sünnet ve hadis malzemesi, müstakil kitaplara konu teşkil edecek derecede çoktur. Sahabenin sıla-i rahimle ilgili hassasiyetlerini gösteren anekdotlar da hadis kitaplarımızın ilgili bölümlerinde yer alır.

Medine'de muhacirler ile ensarın mükemmel örneklerini sergiledikleri ilişkilerden ve ahlaki faziletlerden biri de komşuluk münasebetleridir. Komşularla iyi ve samimi ilişkiler kurulması Kur'an'da şöyle ifade edilir: "Allah'a ibadet edin. O'na hiçbir şeyi ortak koşmayın. Ana-babaya, akrabaya, öksüzlere, yoksullara, yakın komşuya, uzak komşuya, yanında bulunan arkadaşa, yolcuya, ellerinizin altında bulunanlara iyilik edin."[20] Peygamberimiz komşularına çok yakın davranır, sık sık hâllerini, hatırlarını, sağlıklarını sorardı. Yardıma muhtaç olanlarla herkesten önce o ilgilenirdi. Sahabeyi daima komşularıyla iyi geçinmeye, onlara nasihat edip kendilerini koruyup gözetmeye, imkânları ölçüsünde komşularına yardımcı olmaya, hediye vermeye teşvik ederdi. Resûl-i Ekrem'in komşulukla ilgili pek çok hadisleri olduğu gibi, sahabenin yaşantılarında komşulukla ilgili gösterdikleri güzel örnekler de hadis eserleri başta olmak üzere sahabe tabakatı, vaaz ve nasihatla ilgili kitaplarımızda yer alır. Abdullah İbni Ömer ve Hz. Âişe'nin Resûl-i Ekrem'den rivayet ettiği şu hadis, günümüzde bile hayatımıza istikamet tayin edici niteliktedir: "Cebrail bana komşuluk hakkında o

---

19 Müslim, *Kitâbu'l-birr ve's-sıle* 22.
20 Nisâ, 4/36.

kadar çok tavsiyede bulundu ki, neredeyse komşuyu komşuya mirasçı kılacağını zannettim."[21] Bu hadisi yorumlayan İslam âlimleri, komşu isminin Müslüman, kâfir, akraba, dost, düşman, âbid, fâsık, hemşeri, yabancı, faydalı, zararlı hepsini kapsadığını söylerler. Komşuluğun sınırları ve komşunun kimler olduğu konusunda da çeşitli görüşler ileri sürülür. Birbirinin sesini duyan herkes komşudur; evin her yönünden kırk hane komşudur; sabah namazını mescitte birlikte kılanlar Müslüman komşulardır vs.[22] Bu komşuların her birinin haklarını korumak ve hukukuna riayet etmek gibi bir görevimiz vardır. Hz. Peygambere namazı, orucu, zekâtı ve sadakası çok olan, ancak diliyle komşularını rahatsız edip onlara eza cefa çektiren birinin durumunu sordular. Peygamberimiz bu kişinin cehennemlik olduğunu; bunun aksine namazı, orucu ve sadakası az ve fakat diliyle komşularına eziyeti dokunmayan birinin de cennetlik olduğunu haber verdi.[23]

Medine site devletinde Resûl-i Ekrem'in itina gösterdiği ve ihmal etmediği işlerden biri de şûra ve istişaredir. "Şûra, evrensel sevginin, kardeşliğin ve İslami birliğin önemli bir örneğidir. O, uluslararası kardeşliğin ve dünya toplumunun tesisi için zemin hazırlar, insanların ortak menfaatleriyle ilgili konularda karşılıklı istişarenin gereğini gösterir. Kur'an'da Allah: "Onların işleri aralarında istişare iledir[24] buyurmak suretiyle istişareyi, Müslümanların özelliklerinden biri olarak zikreder."[25] Kur'ân-ı Kerim'in "Şûrâ" adını taşıyan bir sûresi vardır. Bu sûre Mekke'de nazil olmuştu. Peygamberimiz hem Mekke hem Medine'de ashabı ile daima müşavere ve istişareler yapmıştır. Fakat

---

21 Buhârî, *Kitâbu'l-edeb* 28; Müslim, *Kitâbu'l-birr ve's-sıle* 140; Ebû Dâvûd, *Kitâbu'l-edeb* 123
22 İbni Hacer el-Askalânî, *Fethu'l-Bârî Şerhu Sahîhi'l-Buhârî*, Beyrut, ts., X, 456.
23 Ahmed İbni Hanbel, *Müsned*, II, 440.
24 Şûrâ, 42/38.
25 *Siret Ansiklopedisi Hz. Muhammed*, Hazırlayan: Afzalurrahman, terc. Kurul, İstanbul 1996/1417, III, 348.

özellikle Medine'de belirleyici özellik taşıyan her çeşit işte verilen kararları ashabı ile müşavere ederek almıştır. Dikkat çeken bir diğer nokta, kamuyu ilgilendiren bütün devlet işlerinde bir karar vermeden önce ashabı ile istişareyi hiç terk etmemiş olmasıdır. Bedir, Hendek ve Uhud savaşlarının çeşitli safhaları ile ilgili kararlar, Rıdvân bey'ati ve Hudeybiye anlaşması bunun en önemli örnekleridir. Bedir esirlerine nasıl muamele edileceği konusunda ashabı ile birkaç defa istişare yapma ihtiyacı hissetmiş, neticede Ebû Bekir'in düşüncesi kabul edilerek onların fidye karşılığında serbest bırakılmaları kararlaştırılmıştı. Bu müşavere ve istişareler, Resûl-i Ekrem'in diğer insanların görüş ve düşüncelerine ne kadar değer verdiğinin de bir göstergesidir. Allah'tan gelen vahiyle teyid edilen bir peygamberin kullarla müşavere ve istişareye muhtaç olup olmadığı tartışılmış, bunun peygamberden ümmeti için bir öğreti olduğu ve ümmetin özellikle yöneticilerinin işlerini müşavere ve istişare ile yapması gerektiği yönünde kendilerine bir örneklik teşkil ettiği belirtilmiştir. Nitekim daha sonra hulefa-i raşidîn'in müşavereye ne derece önem verdiklerini ve şûra meclisi oluşturarak yönetim işlerini onlarla danışmak suretiyle yaptıklarını görürüz. Çeşitli coğrafyalarda kurulmuş olan İslam devletlerinde Müslüman yöneticiler, genel anlamda şûraya ve istişareye daima değer vermişlerdir.

Asr-ı saadette Medine site devletinde muâhât'ın (ensar muhacir kardeşliği) tesisi ve Medine vesikası olarak da anılan anayasanın yürürlüğe girmesinden sonra, vatandaşlık anlayışı içerisinde çeşitli inançlara ve ırklara mensup insanların birlikte yaşama ve barışı sağlama yönündeki gayretlerine etki eden temel kurallardan referans alınabilecek birkaç başlığa işaret etmiş olduk. Şüphesiz ki bu şehirdeki sosyal yapının temellerini oluşturan hukuki, ahlaki ve insani kuralların her biri, üzerinde hakkıyla durulmaya değer nitelikte olup, kitaplık çapta çalışmalarla anlatılabilecek boyuttadır. Biz bu çalışmaya sınırlı ölçüde mütevazi bir katkı sağlamayla yetinmeyi hedefledik.

Allah, Rahmân sıfatının sâhibi olarak mümin kâfir ayırımı yapmaksızın herkese rızık verdiğine göre, Rahmân'ın arşı mesabesinde gönül taşıyan insanların insana bakışı da aynı olmalıdır.

İrfân Geleneğinde Birlikte Yaşama

Prof. Dr. H. Kâmil YILMAZ
Diyanet İşleri Başkan Yardımcısı

Toplumlarda farklı inanç ve dinden insanların bulunması kaçınılmazdır. Çünkü insanların başka din mensuplarıyla birlikte yaşaması, aslında fıtrî bir hâdisedir. İnsanlar bu konuda seçim şansına sahip değildir. Bu yüzden farklı din mensuplarına karşı hoşgörü, müsamaha duyguları içinde olmak gerekmektedir.

Mekke'de başlayan İslam daveti, insanları sevgi ve kardeşlik duyguları ile kaynaştırmış, düşmanlıkları sona erdirmişti. İslam Medine'ye ulaştığında kurduğu "kardeşlik" köprüsü sayesinde Mekkeli muhacirlerle Medineli ensarı kaynaştırdığı gibi Medine'de yıllar yılı birbirleriyle boğuşan Evs ve Hazrec kabileleri arasındaki düşmanlığı da sona erdirmişti. Kur'an bu konuya şu ayetle işâret eder: *"Allah'ın size olan nimetini hatırlayın. Birbirinize düşmandınız. Kalplerinizin arasını birleştirdi de O'nun nimeti sayesinde kardeş oldunuz."*[1]

Başlangıçtan beri İslam toplumunda diğer din mensuplarının ayrı bir yeri ve statüsü vardır. Nitekim Medine'deki Yahudiler ile Müslümanların müşterek yaşantısını düzenleyen **"Medine Vesikası"** olarak bilinen ilk yazılı metin, ortak hak ve sorumlulukları belirlemekteydi. Metinde, Yahudi ve Müslü-

---

1 Âl-i İmrân, 3/103.

man toplumların sahip oldukları din ve vicdan hürriyeti açıkça belirtilmişti.

Kur'ân-ı Kerim'de özellikle ehl-i kitabı ortak bir kelimede buluşmaya çağıran: *"De ki: Ey ehl-i kitap! Sizinle bizim aramızda müşterek olan bir söze gelin: Allah'tan başkasına tapmayalım; O'na hiçbir şeyi eş tutmayalım ve Allah'ı bırakıp da kimimiz kimimizi ilahlaştırmasın. Eğer onlar yine yüz çevirirlerse, işte o zaman: Şahid olun ki biz Müslümanlarız! deyin"*[2] ayeti ile Müslümanlıkla ilahî kökenli ehl-i kitabın yakınlığını gösteren ayetler bulunmaktadır:

"Şüphesiz, inananlar (Müslümanlar) *ile, Yahudiler, Hristiyanlar ve Sâbiîlerden* (her bir grubun kendi şeriatında) *"Allah'a ve ahiret gününe inanan ve sâlih ameller işleyenler için Rableri katında mükâfat vardır; onlar korkuya uğramayacaklar, mahzun da olmayacaklardır"* (diye hükmedilmiştir)."[3]

"Onların (Kitap ehlinin) *hepsi bir değildir. Kitap ehli içinde, gece saatlerinde ayakta duran, secdeye kapanarak Allah'ın ayetlerini okuyan bir topluluk da vardır. Onlar, Allah'a ve ahiret gününe inanırlar. İyiliği emrederler. Kötülükten men ederler, hayır işlerinde birbirleriyle yarışırlar. İşte onlar sâlihlerdendir. Onlar ne hayır işlerlerse karşılıksız bırakılmayacaklardır. Allah, kendisine karşı gelmekten sakınanları bilir."*[4]

İslam'ın yüce peygamberi, bütün insanlara karşı yüksek bir hoşgörü ve güzel bir iletişim içinde bulunmayı tercih etmiştir. Herkese öncelikle Allah'ın yarattığı en değerli varlık; yani insan olmanın gereği saygı duymuş ve onlarla eşit seviyede ilişki içinde bulunmayı tercih etmiştir. Onun bu tavrı, ferdî planda olduğu gibi ictimai planda da aynı olmuştur. Müslümanlara açıkça düşmanlık yapan, maddi ve manevi zarar veren ve harp

---

2   Âl-i İmrân, 3/64.
3   el-Bakara, 2/62.
4   Âl-i İmrân, 3/113-115.

hukukunun gereği savaş hâlinde bulunanlar müstesna diğerleriyle iyi geçinilmesi yolunu izlemiştir.

Hz. Peygamber'in diğer din mensuplarıyla olan münasebetleri, daha sonraki süreçlerde Müslümanlar için örnek olmuştur. Bu yüzden insanlık tarihinde başka din ve kültür mensuplarıyla bir arada yaşayıp ortak medeniyet oluşturmanın en güzel örneğini Müslümanlar vermiştir. Asr-ı saadet döneminden günümüze kadar Şam, Kudüs, Kahire, Bağdad ve İstanbul gibi farklı din mensuplarının birlikte yaşadığı şehirlerde, başka din ve kültürlerin tarihinde eşine rastlanmayacak bir hoşgörü ortamı oluşmuştur. Mısır, Kuzey Afrika ve Endülüs, tarihî süreç içerisinde birlikte yaşama tecrübesinden nasibini almıştır. Özellikle Endülüs, Müslümanların bu tecrübeyi en yüksek seviyede yaşadığı yerlerden biridir.

Müslümanların başka din mensuplarıyla birlikte yaşamaları rahmet-i ilahiye sayesinde oluşmuştur. Tarih boyunca Müslümanlar, hâkim oldukları yer ve zamanlarda diğer din mensuplarına dinlerine göre hareket etmek serbestisi verdikleri gibi;[5] her dinî cemaate gerek dünyevi gerekse hukuki konularda birçok imtiyaz tanımış ve ruhani liderlere özerk bir teşkilat kurma imkânı sağlamışlardır.[6]

Tarihî süreçte Müslümanlar, diğer din mensuplarına gösterdikleri müsamaha ile ictimai bir barış ortamı tesis etmiş ve büyük bir medeniyet inşa etmişlerdir. Şüphesiz bu birlikteliğe irfân ehli âriflerin ciddi katkıları olmuştur. İrfan ehlinin birlikte yaşamadaki temel dinamiği, İslam'ın rahmet yüklü mesajlarıdır. Dini kısaca *"et-ta'zîm li-emrillâh ve'ş-şefakatü alâ halkillâh"* diye tanımlayan ârifler, kulları Allah'ın şefkatiyle buluşturmak için hüsn-i muamele ile insanlara yaklaşmışlar ve inanç ayırı-

---

5   Hristiyanlık Karşısında Müslümanlık, s. 18, De Lacy, O'Leacy, *Mısır'ın Mirası*, s. 323'den naklen.

6   Muhammed Hamidullah, *İslam Peygamberi*, (trc. Kemal Kuşçu-Salih Tuğ), İstanbul 1969, II, 182.

mı yapmaksızın onlarla çeşitli ortamlarda birlikte olmuşlardır. Âriflerin birlikte yaşamadaki bakış açısı merhamet eksenlidir.

İrfânî eserlerin en önemlilerinden birisi sayılan *er-Risâle* müellifi Kuşeyrî'nin naklettiğine göre Hz. İbrahim'e misafir olarak gelen bir Mecusi ondan yemek ister, o da önce dinini değiştirip tevhîde gelmesini teklif eder, Mecusi bunu kabul etmeden yürür gider. Bu olay üzerine Hz. İbrahim'e şöyle bir vahiy gelir: *"Biz onu kâfir olduğu hâlde yetmiş yıldır beslemekteyiz. Sen bir kerecik onu inancına bakmadan doyursaydın ne olurdu?"*[7] Nitekim Kur'an'da da Allah Teâlâ, inanmayan insanları merzûk kılacağını, Hz. İbrahim'in talebi üzerine belirtmiştir.[8]

Bu olay Cenab-ı Hakk'ın Rahmân isminin kapsamı çerçevesinde ele alınmış, teslimiyet ve sehavetiyle bilinen bir peygamberden irfân muhitlerine şu mesaj verilmek istenmiştir: Allah, Rahmân sıfatının sâhibi olarak mümin kâfir ayırımı yapmaksızın herkese rızık verdiğine göre, Rahmân'ın arşı mesabesinde gönül taşıyan insanların insana bakışı da aynı olmalıdır.

İslam, Hz. Âdem'den Hz. Muhammed (s.a.s.)'e kadar devam eden tevhîd dininin ortak adıdır. Kur'an'daki: ***"Allah katında din İslam'dır"***[9] ibaresi bunu vurgulamaktadır. İrfân ehli, Hz. Âdem'den Hz. Peygamber'e kadar Kur'an'da adı geçen büyük peygamberlerin birtakım özelliklerini öne çıkararak birlikte yaşama dinamikleri ortaya koymuşlardır. Bu yüzden irfân ehli, bütün peygamberleri özellikleriyle yaşatmayı ve bu özelliklerini her çağın insanıyla buluşturmayı amaç edinmiştir. Ayrıca peygamberlerin adından ve vasfından yola çıkarak diğer din mensuplarıyla ortak noktaları artırarak onlarla sıcak bir diyaloga zemin hazırlamışlardır. Nitekim *Keşfu'l-Mahcûb* müellifi Hucvirî, Cüneyd Bağdâdî'den naklen 'tasavvuf, sekiz

---

7 Kuşeyrî, *er-Risâle*, Kahire 1974, s. 360; Krş: Hucvirî, *Keşfu'l-mahcûb*, Tahran 1374, s. 409.
8 Bkz. el-Bakara, 2/126.
9 Âl-i İmrân, 3/19.

peygamberin sekiz özelliğini cem'etmektir', der. Onlar da İbrahim'in (a.s.) sehavetini, İsmail'in (a.s.) teslimiyetini, Eyyub'un (a.s.) sabrını, Zekeriyya'nın (a.s.) işaretle konuşmasını, Yahya'nın (a.s.) garibliğini, Musa'nın (a.s.) sûf giymesini, İsa'nın (a.s.) seyahatini, Muhammed'in (s.a.s.) fakrını cem'etmektir.[10]

Küresel dünya vatandaşlığının tartışıldığı günümüzde diğer dinlere mensup insanlarla sürekli irtibat hâlinde olmak kaçınılmaz bir gerçektir. İrfân ehli bu hususa büyük bir ehemmiyet vermiştir. Ârifler, toplum içinde her inançtan insanla iyi geçinmenin ve herkese karşı güzel söz ve hüsn-i muaşeret içerisinde bulunmanın gereğini önemle vurgulamışlardır. Nitekim Gazzâlî, *İhyâ*'da, "*insanlarla güzel güzel konuşun*"[11] ayetinin tefsiri sadedinde İbn Abbas (r.a.)'tan şu nakilde bulunmaktadır: Sana selam veren Mecûsî de olsa selamını al. Zira Allah Teâlâ Kur'ân-ı Kerîm'de buyurur: "*Size bir selam verildiği zaman, ondan daha iyisiyle veya ayniyle mukabele edin.*"[12] Gazzâlî yine İbn Abbas (r.a.)'tan naklen: "Firavun bile bana hayır bir söz söylese, ben de aynen mukabelede bulunurdum" dediğini kaydeder.[13]

İrfân ehlinin birlikte yaşamadaki temel dinamiği, Müslümanlarla olduğu gibi diğer din mensuplarıyla ilişkilerinin de Allah rızası için olmasıdır. Çünkü yaratılanı yaratanından ötürü sevmek bunu gerekli kılar. Yunusça ifadesiyle:

Elif okuduk ötürü   *Pazar eyledik götürü*
Yaradılanı severiz   *Yaradanından ötürü*

İrfân ehlinin bu bakış açısı, halkın inançları, statüleri, renkleri ve dilleri ne olursa olsun bütün insanlarla iyi ilişki kurarak güzel davranışlarla onları etkilemenin mümkün olduğunu

---

10 *Keşfü'l-mahcûb*, 44-45.
11 el-Bakara, 2/83.
12 en-Nisa, 4/86.
13 Gazzâlî, *İhyâu ulûmi'd-dîn*, Kâhire, ts., III, 116.

göstermektedir. Çünkü ârifler, lafzî ve kavlî davet ve irşaddan çok fiilî ve temsîli davet ve irşadı tercih etmişlerdir. Zira tebliğ ve irşadda kavlî yöntemden çok fiilî ve temsîli yöntemin daha etkileyici olduğu açıktır. Bu yüzden irfân ehli, insanları sözden çok davranışla etkileme yolunu tercih etmişlerdir. İnsanı etkileyen güzel söz ve yaldızlı laflardan çok sağlam karakter ve tutarlı davranışlardır. Âriflerin bu hususiyeti, İslam'ın süratle yayılmasında etkili olmuştur.

Ârifler, İslam'ın mesajını diğer din mensuplarına taşıyan sivil nitelikli davetçi olmuşlardır. Özellikle *"leşker-i dua"* olarak anılan irfân ehli, fiilen bu işi yapmışlardır. Gönülleri fethetmeden, kalpleri ısındırmadan ülkeleri ve beyinleri fethetmenin imkânı yoktur. Leşker-i dua denilen gönül erleri, kendilerini ülkelerin fethinden çok gönüller fethine memur görmüşlerdir. Onların insanlara bu türden yaklaşımları, İslam'ın güler yüzü olmuştur. İslam fütuhatı sadece ülkelerin fethine yönelik bir askerî hareket olsaydı tarihte muvaffak olması söz konusu olamazdı.

"İslam intişar tarihi" kaynaklarının verdiği bilgilere göre de İslam, pek çok gayrimüslim diyara, ârif ve dervişler sayesinde ulaşmıştır. Nitekim Horasan erenleri, İslam'ı gönüllerle buluşturan irfân ehli olarak kabul edilir. Anadolu, Kafkas ve Balkanlar'ın Türk-İslam yurdu olmasını sağlayanlar onlardır. Osmanlı Türklerinin misyonu bunlar sayesinde hâlâ Balkanlar'da ve Orta Avrupa'da yaşamaktadır.[14]

Bu misyonun temelinde şüphesiz İslami hoşgörü vardır. Bu hoşgörüyü ve diğer din mensuplarıyla birlikte yaşamayı en güzel ifade edenler İbn Arabî, Mevlâna Celâleddin Rûmî ve Yunus Emre'dir. Gönül sultanı bu üç ârif, Anadolu Selçukluları devrinde, özellikle Osmanlı'nın kuruluşuna tekaddüm eden

---

14 Yaşar Kalafat, *II. Avrasya İslâm Şûrâsı Tebliğleri*, Ankara 1998, s. 109.

yıllarda yaşamış ve Osmanlı'nın kimliğini hazırlamış kimselerdir. Bu üç ârif mütefekkirin aydınlığında yürüyen Osmanlı, bu özelliği sebebiyle batılı tarihçi Paul Wittek tarafından "Derviş Devlet" diye adlandırılmış; diğer din ve kültürlerle birlikte yaşamanın en güzel örneklerini vermişlerdir.

Selçuklular zamanındaki İslam coğrafyası ile Anadolu Selçukluları zamanı, birlikte yaşama tecrübesi için önemli dönemlerdir. Osmanlı dönemi ise bu tecrübenin evrensel planda yaşandığı bir süreçtir. Bütün bu dönem ve ülkelerde oluşan birlikte yaşama ortamının hazırlayıcı unsuru, İslam'ın kendi özelliğidir. İslam, gerek temel kaynaklarında gerekse asr-ı saadetteki uygulamalarında bu anlayışın sahibi olmuştur.

Endülüs Emevî Devleti, Rönesans'ın Avrupa ölçüleriyle başladığı bir dönemde yıkılmıştır. Hristiyan fanatizmi Endülüs'ün üzerine karabulut gibi çökmüş, Hristiyanlar Avrupa'daki Rönesans'tan sonra Endülüs medeniyetinin köklerini kazıyarak ülkede yaşayan ve Hristiyan olmayan Yahudi ve Müslüman unsurları ciddi bir soykırıma tabi tutmuşlardır. Avrupa, İslamiyet'i, Endülüs Müslümanları, Anadolu Selçukluları ve Osmanlı Türkleri sayesinde tanımışsa da onlardan farklı din ve kültürlerle birlikte yaşama tecrübesini öğrenememiştir. Avrupa ve Rusya, tarihleri boyunca başkalarıyla birlikte yaşama tecrübesi tanıyan bir kültür yapısına sahip değillerdir. Günümüz Avrupası'nda "pegida" diye adlandırılan ve tekrar gündeme gelen İslam karşıtlığı, batının birlikte yaşama tecrübesinin olmadığını bir kez daha gözler önüne sermektedir.

Amerika'nın keşfedildiği yıllarda İspanya'da yaşayan Yahudiler antisemitizm kurbanı olmuş ve o toprakları terke mecbur bırakılmıştı. Topraklarını ve kapılarını Yahudilere açan ise irfân ile yoğrulan Osmanlı devleti ve halkı olmuştu. O yüzyıldan sonra bu topraklarda Yahudiler ve Hristiyanlar ile Müslümanların mabedlerinin birbirine komşu olarak inşâ edildiği tarihî bir gerçektir.

XIX. yüzyılda Batı'da gerçekleşen bilim, teknoloji devriminin ardından ortaya çıkan pozitivist düşünce, bütün dinleri ve dinî hayata ait gerçekleri imhaya kalkıştı. "Dinlerin vaad ettiği cennet dünyadadır" diyerek insanlık mabed ve dinden uzaklaştı. Ancak pozitif ilmin ulaştığı teknoloji ve siyasi düşüncenin zaferi çok kısa sürdü. İki dünya savaşıyla milyonlarca cana mal olduktan sonra "kral çıplak" diyerek ekonomik ve siyasal sistemler için tünelin ucu göründü. Çünkü hilm ve irfân gibi erdemleri taşımayan bilimin kaçınılmaz sonu buydu. Dinler ise yara alsa da her şeye rağmen ayakta kaldı. Şu bir gerçektir ki cehalet sadece bilgiyle ortadan kalkmaz. Cehaletin ortadan kalkması ilimle birlikte hilm ister, hoşgörü ister, empati ister.

11 Eylül ile birileri dünyayı yeniden tanzim etmek adına antisemitizm benzeri bir anlayışla İslamofobya üretip tedavüle sundu. İlim ve irfândan habersiz bazı gafil Müslümanlar ne yazık ki o korkunun beslenmesine yardımcı oldular.

İslam ile terörün bir arada anılması imkânsızdır. Çünkü İslam, "bir kişiyi öldürmeyi insanlığı öldürmeye, bir kişiyi diriltmeyi insanlığı diriltmeye"[15] denk sayan bir anlayışın sahibidir. Aslında hiçbir din mensubu terörle anılamaz. Çünkü dinlerin özünde terör yoktur. Ancak din mensuplarından terör tuzağına düşenler bulunabilir. Din ile din mensuplarını aynı görmek yanlıştır. Din başka, o dinin mensubu olmak başka şeydir.

Şimdi bizler birlikte yaşayabilmeyi sağlamak için yeni bir seferberlik başlatmalıyız. Cehaleti ve düşmanlığı ortadan kaldırmanın yolu elbette ilimden geçer. Ama hilm ile irfân ile buluşmuş; hilmi ve irfânı özümsemiş bir ilimden. Çünkü kin, öfke ve nefretle bir yere varılamaz. Yanlış algıları ve öfkeleri atarak yeni bir hilm ve irfân seferberliğine ihtiyaç var.

Küresel dünya vatandaşlığının tartışıldığı günümüzde, düşünce ve inanç gruplarının birbirleri üzerinde baskı oluşturma-

---

15 el-Mâide, 5/32.

dan birlikte yaşamalarının irfâni gelenek ve uygulamalarla daha kolay ve kalıcı olabileceği muhakkaktır. Çünkü olduğu gibi görünüp göründüğü gibi olmayı prensip hâline getiren gönül ehli ârifler, başkalarını cezbeder ve etkilerler.

Birlikte huzur, barış ve güven içinde yaşama, ancak sağlam bir inanç ve ahlak zemininde gerçekleşebilir. Bu sebeple asıl önemli olan, bunun, toplumun bütün bireyleri tarafından özümsenmesi ve âdeta bir yaşam biçimi hâline getirilmesidir.

Hepiniz Âdem'densiniz Âdem ise Topraktan

Dr. Ekrem KELEŞ
Diyanet İşleri Başkan Yardımcısı

'Ey insanlar! Sizi bir tek nefisten yaratan ve ondan da eşini yaratan; ikisinden birçok erkek ve kadın (meydana getirip) yayan Rabbinize karşı gelmekten sakının...' (en-Nisâ 4/1)

Kimilerinin tanımladığı gibi Dünya, gerçekten artık bir köy hâline geldi. Çeşitli ırklara, dinlere ve kültürlere mensup insanların birbirleri ile iletişim hâlinde bulunduğu ve hatta dünyanın pek çok yerinde beraber yaşamak zorunda olduğu bir zamandayız. Zira iletişim ve ulaşım araçları devletler, kültürler ve insanlar arasında örülmüş bulunan bir takım duvarları ortadan kaldırdı. Kültürler arası iletişim hızlandı. İnsanları birbirinden ayıran birçok engel yok oldu. Halklar, ülkeler ve hatta kıtalar arasındaki engeller birer birer yıkıldı, yıkılmaya devam ediyor.

Batıda sanayileşmenin ortaya çıkardığı iş gücü ihtiyacı, eğitim, ticaret ve başka amaçlarla yapılan seyahatler, savaşlar ve çatışmalar nedeniyle ortaya çıkan zorunlu yer değiştirmeler ve göçler gibi etkenlerle dünyadaki pek çok şehir artık dilleri, renkleri, ırkları, kültürleri farklı birçok insanı barındırmaktadır.

Bütün bunlar çeşitli ırklara, coğrafyalara, kültürlere, inançlara ve dillere mensup insanların bir arada yaşamasını zorunlu hâle getirmiştir. Ne kadar çabalarsa çabalasın artık herhangi bir topluluğun başkaları ile ilişkilerini tamamen keserek müstakil bir yerde hayat sürmesi çok zordur.

Birlikte Yaşamak için Sadece Hukuki Düzenlemeler Yetmez

Çeşitli ırklara, coğrafyalara, kültürlere, inançlara ve dillere mensup insanların bir arada huzur ve güven içinde yaşayabilmesi için yalnızca hukuki ve kanuni bir takım düzenlemeler yeterli değildir. Buna paralel olarak toplumda birlikte yaşama inancı, ahlakı ve kültürünün de oluşturulmasına ihtiyaç vardır. Çünkü birlikte huzur, barış ve güven içinde yaşama, ancak sağlam bir inanç ve ahlak zemininde gerçekleşebilir. Bu sebeple asıl önemli olan, bunun, toplumun bütün bireyleri tarafından özümsenmesi ve âdeta bir yaşam biçimi hâline getirilmesidir. Zira hukuk devletinin bulunmadığı, kanunların âdil olmadığı ve adaletin bir hayat tarzı olarak benimsenmediği toplumlarda birlikte yaşamaya ilişkin kanuni düzenlemeler kâğıt üzerinde kalır. Bunun en çarpıcı örneklerini, günümüz batı toplumlarında kendini gösteren ve hızlı bir şekilde yükselen İslam korkusu/ İslamofobinin ortaya çıkardığı tablolarda görmek mümkündür.

Kur'an ve Sünnetin insanî ve toplumsal ilişkilerde ortaya koyduğu temel yaklaşımlarda, insanlar arasında herhangi bir ayırım yapmadan adalete, hakka, hukuka riayetin sıkı bir şekilde emredilmesi ve bu konuda nasların çizdiği sınırların çiğnenmesinin şiddetle yasaklanması, bu hususta sağlam bir zemin kurmaya yöneliktir.

İslam'ın daha baştan ortaya koyduğu esaslar çerçevesinde Müslümanlar, gayrimüslim insanlarla beraber yaşamanın ahlakını ve hukukunu oluşturmuşlardır. Bu husustaki kavramların, ıstılahların, mefhumların ve hukuki kuralların oluşum tarihi, İslam tarihi ile yaşıttır.

Medine vesikasından başlamak üzere Hz. Peygamberin Müslüman toplumda yaşayan gayrimüslimlere ve ehl-i zimmet'e yönelik tebligat ve talimatı doğrultusunda oluşan hukuki ve ahlaki kurallar ve ilkeler, asırlar boyu gayrimüslimlerin İslam ülkesinde huzur, barış ve güven içerisinde yaşamasına imkân vermiştir. Böylece İslam toplumları, en baştan beri bünyesinde gayrimüslimleri barındırmış, özgürlüklerini ve haklarını vererek onlarla yan yana yaşamıştır. Onlara İslam inancını dayatmamış, İslam'a girmeleri için baskı yapmamıştır. Haklarına saygı göstermiştir. Böylece Müslüman toplumda gayrimüslimlerin hakları ve vazifeleri belirlenmiş ve bu alanla ilgili zimmet hükümlerine ilişkin hukuki ve ahlaki kurallar oluşmuştur.

Gayrimüslimlerin vatandaş olarak İslam ülkesinde yaşamasının kuralları 'ehl-i zimmet, ahd, eman ve müste'men' gibi her biri onlara karşı Müslümanlara ağır sorumluluklar yükleyen kavramların oluşturduğu ana başlıklar altında şekillendirilmiştir.

Bu kavramlar, Müslümanlara, Müslüman olmayanları emanet eden anlam ve içeriklere sahiptir. Bu, birlikte yaşamanın sadece hukuki değil ahlaki temellerini de oluşturmaya yöneliktir. Çünkü bu kavramlar Müslümanın 'Emanet' vasfı ile irtibatlandırılmıştır. Emanet/emin olmak ise, Müslümanın en önemli ahlaki vasfı olmak durumundadır. Bunun zıddı hıyanet olup, ahlaki açıdan Müslümanın en uzak kalması gereken niteliktir. Bu da meselenin sadece hukuk ve kanun düzleminde değil, aynı zamanda ahlaki zeminde de ele alınması gerektiğini ortaya koyan en önemli göstergelerden biridir.

İslam Medeniyetinin Ortaya Koyduğu Tecrübeye Bütün İnsanlığın İhtiyacı Var

Müslümanların Müslüman olmayanlar ile birlikte yaşamaları hususunda İslam medeniyetinin ortaya koyduğu büyük tecrübe ve birikime, tüm insanlığın ihtiyacı vardır.

İslam'ın ortaya koyduğu ilkelerde İslam'ı kabul etmeyenlerin yok edilmesi, ortadan kaldırılması gibi bir yaklaşım asla yer almamıştır. Bu hususta ilk akla gelen ayet-i kerimelerin mealleri şöyledir:

'Eğer rabbin dileseydi yeryüzündekilerin hepsi iman ederdi; böyle iken sen hepsi mümin olsunlar diye insanları zorlayıp duracak mısın?' (Yûnus, 10/99).

'Dinde zorlama yoktur' (el-Bakara 2/256).

Bu ayet-i kerimeler ve Kur'an ve Sünnetin genel ilkeleri, topluma, toplumsal düzene zarar vermediği sürece, farklı dinden insanların kendi dinlerini özgürce yaşamalarının güvence altında olduğunu göstermektedir. Nitekim İslam medeniyetinin ortaya koyduğu temel yaklaşım da hep bu istikamette olmuş ve başka inançlara ve dinlere mensup insanlar, İslam toplumları içinde kendi inançlarını özgürce hayata geçirebilmişlerdir.

Müslümanların Müslüman olmayanlarla ilişkilerindeki temel yaklaşım, mealini sunacağımız şu ayetlerde yer almaktadır:

"Allah sizi, din konusunda sizinle savaşmamış, sizi yurtlarınızdan da çıkarmamış kimselere iyilik etmekten, onlara âdil davranmaktan men etmez. Şüphesiz Allah âdil davrananları sever. Allah, sizi ancak, sizinle din konusunda savaşan, sizi yurtlarınızdan çıkaran ve çıkarılmanız için destek verenleri dost edinmekten men eder. Kim onları dost edinirse, işte onlar zalimlerin ta kendileridir." (el-Mümtehine 60/8-9)

İslam tarihinde bu çerçevede oluşan hukuki ve ahlaki birikim büyük bir literatür oluşturmaktadır. Bu husustaki tarihî, fıkhî ve ahlaki mirasa günümüz insanlığının çok ihtiyacı bulunmaktadır. Bu mirası güncelleyerek insanlığın gözleri önüne sermek, günümüz Müslüman ilim adamlarının en önemli vazifelerindendir.

Bu miras, insanlığa, Müslümanların yaşadıkları topraklarda ve vatanlarında gayrimüslimleri yok etmek veya eritmek gibi bir hedeflerinin asla söz konusu olmadığını göstermektedir.

Yine bu miras, bize, Müslümanların günümüz şartlarında başkaları ile insan haklarını güvenceye alan esaslar çerçevesinde birlikte yaşayabileceklerini de göstermektedir.

Uygulamada her zaman ve her yerde beklenen ve arzu edilen neticeleri ortaya koymamış olsa bile İslam medeniyeti, bu hususta sağlam ilkeler ve çok güzel uygulama örnekleri ortaya koymuştur. Bu birlikte yaşama hukuku ve ahlakının güncelleştirilerek insanlığın hizmetine sunulmasına ihtiyaç vardır. Esasları Kur'ân-ı Kerim ve Hz. Peygamberin sünnetinde yer alan ve İslam medeniyetinin çok güzel uygulama örnekleri ile güzelliklerini sergilediği birlikte yaşama hukuku, ahlakı ve kültürünü çağdaş bir sunumla insanlığın önüne koymak, insanlığa büyük bir hizmet olacaktır.

İspanya'dan sürülen Yahudileri bünyesine alan ve huzur, güvenlik ve barış içinde yaşatan bir medeniyetin, günümüz göçmen ve sığınma sorunları ve azınlıkların hakları ve durumları ile ilgili söyleyeceği çok şey olmalıdır.

İslam tarihi, Müslümanların gerek ehl-i kitapla ve gerekse diğer din mensupları ile yan yana nasıl tam bir barış ve özgürlük içinde yaşadıklarını çok açık bir şekilde ortaya koymaktadır. Avrupa'da farklı Hristiyan mezheplerine mensup olanlar birbirlerini boğazlarken, İslam dünyasında başka dinlere mensup olanlar, İslam toplumlarının içinde tam bir dinî özgürlük içinde yaşamışlar, ilmî ve amelî hayatın her türlü nimetinden yararlanmışlardır. Hatta devletin en üst makamlarına kadar yükselmişlerdir. Bu hususta pek çok örnek bulunmaktadır.

İslam medeniyetinin Şam, Kudüs, Bağdat, Mısır, İstanbul, Endülüs, Saraybosna, Güney Asya gibi önemli merkezlerinde hatta küçük yerleşim birimlerinde bile Müslümanlar ile Müslüman olmayanlar, asırlar boyu, -bunların bazısında 14 asrı aşan bir süre- yan yana barış, huzur ve güven içinde yaşamışlar, birbirlerinin sevinçlerini, hüzünlerini, sıkıntılarını, zorluklarını ve bolluklarını paylaşmışlardır.

Acaba uygarlık düzeyinde çok büyük bir yol aldığı iddiasıyla 21. yüzyıla ulaşmış bulunan günümüz insanlığı, bütün unsurları ile birlikte yaşama konusunda Müslümanların geçmişte ulaştığı seviyeyi yakalayabilecek midir?

Birlikte Yaşama Ahlakının Temelleri

Veda Hutbesinde Allah'ın Kutlu Elçisi, 'Ey Müslümanlar!' yerine 'Ey İnsanlar!' diye seslenerek şöyle söylemiştir: *'Ey insanlar! Bugününüz nasıl dokunulmaz bir gün, bu ayınız nasıl dokunulmaz bir ay, bu şehriniz (Mekke) nasıl dokunulmaz bir şehir ise canlarınız, mallarınız, namuslarınız da öyle dokunulmazdır, her türlü saldırıya karşı korunmuştur.'*

Çeşitli ırklara, renklere, kültürlere mensup insanların huzur ve güven içinde birlikte yaşayabilmesi için en başta insanların can, mal ve ırz güvenliğinin sağlanması gerekir.

Bu açıdan bakıldığı zaman İslam âlimlerinin, korunmasını dinin temel hedefi olarak belirledikleri 'zarurât-ı hamse/güvence altına alınması zorunlu beş şey' aslında İslam'ın bu husustaki ana yaklaşımını ortaya koymaktadır. Dinin temel amacı bu beş hedefi gerçekleştirmek ve güvence altına almaktır. Yüce Allah'ın peygamber göndermesindeki temel hedef de budur.

Canın korunması/can güvenliği, aklın korunması (düşünce özgürlüğü bu kapsamda değerlendirilmelidir), ırz, namus ve haysiyetin korunması/insan onurunun muhafazası, dinin korunması (inanç özgürlüğü bu kapsamda değerlendirilmelidir,) malın korunması/mülkiyet hakkı ve kişinin mal güvenliği.

Korunması ve güven altına alınması hedeflenen bu beş ana hedefe bakıldığı zaman bunların her türlü insan haklarını kapsadığı görülür.

Kur'ân-ı Kerim, Hz. Peygamberin sözleri ve uygulamaları ve bu doğrultuda oluşmuş bulunan ana İslami anlayış ve yaklaşıma göre, insanın temel hakları insana, insan olması münasebetiyle onu yaratan Yüce Allah tarafından verilmiştir. Bu sebeple söz konusu haklar, insanın doğal haklarıdır. Usul-ü fıkıhta ele alınan vücup ehliyetinin konusu da budur. Her insan doğuştan birtakım haklara sahiptir.

Bu hakları insana veren, başka bir insan veya kurum yahut güç odakları değildir. Bu haklar Allah'ın insana lütfudur. Çünkü Yüce Allah insanı yeryüzünde halife olarak yaratmış ve onu en saygıdeğer/mükerrem varlık kılmıştır. Onu, insanlık emanetini taşımaya ehil olarak yaratmıştır.

Demek ki şu veya bu yönetimin veya devletin insanlara haklarını verdiği yolundaki söylemler, aslında onların bu hakları gasbetmediğini yahut kısıtlamadığını anlatmak için kullanılan ifadelerdir. Dolayısıyla İslami yaklaşım, insanlara hakların insanlar ve bir takım etkili ve yetkili güçler tarafından tanınıp lütfedildiği ve yine onlar tarafından serbestçe kısıtlanabileceği anlayışını reddeder. İnsana insan olması hasebiyle değer verir ki insanların birlikte huzur, barış ve güven içinde yaşayabilmelerinin en önemli esası, insanların birbirlerine insanca davranışlarda bulunmaları ve birbirlerini Allah'ın bütün insanlara lütfettiği haklardan mahrum bırakmaya çalışmamalarıdır.

"Ey insanlar! Şüphe yok ki, biz sizi bir erkek ve bir dişiden yarattık ve birbirinizi tanımanız için sizi boylara ve kabilelere ayırdık. Allah katında en değerli olanınız, O'na karşı gelmekten en çok sakınanınızdır. Şüphesiz Allah hakkıyla bilendir, hakkıyla haberdâr olandır." (el-Hucurat 49/13)

İslam'a göre bütün insanlar, ayet-i kerimede ifade edilen bu büyük ailenin çocuklarıdır. İstisnasız olarak ve hiçbir ayrım yapmadan her insan, yaratılışı itibariyle saygındır. Kur'ân-ı Kerim nazarında dinine, inancına, rengine, ırkına bakmaksızın insanın şerefli bir varlık olarak yaratıldığı açıklanmıştır. İnsan, Yüce Allah'ın değerli kıldığı varlıktır, mükerremdir. Bu hususu ifade eden ayet-i kerimenin meali şöyledir: *'Andolsun, biz insanoğlunu şerefli kıldık. Onları karada ve denizde taşıdık.*

Kendilerini en güzel ve temiz şeylerden rızıklandırdık ve onları yarattıklarımızın birçoğundan üstün kıldık.' (el-İsrâ:17/70)

Allah Resûlü'nün Veda Hutbesinde yer alan şu cümleler ise, birlikte yaşama ahlakına en çok zarar veren ırkçılık ve türevleri mahiyetindeki her türlü hastalıktan toplumları koruyacak biricik kıymet ölçüsüdür: 'Rabbiniz birdir, babanız birdir. Hepiniz Âdem'densiniz, Âdem de topraktan yaratılmıştır. Hiç kimsenin başkaları üzerinde soy sop üstünlüğü yoktur. Allah katında üstünlük, ancak takvâ iledir.'

Birlikte yaşama hukukunun temel esasını ortaya koyan yukarıda mealini verdiğimiz ayeti kerimeyi teyit eden ve açıklayan bu kutlu sözler, kıyamete kadar bu hususta insanlığın yolunu aydınlatacak temel ölçüyü ifade etmektedir.

Burada insanlar arasında yegâne üstünlük ölçüsü olarak zikredilen takvanın kapsamı üzerinde biraz durmak gerekir. Takva, sakınmak demektir. Neden sakınılacaktır? Zulüm, hıyanet, adaletsizlik ve haksızlık gibi Allah'ın koyduğu ölçülerin ve hakların çiğnenmesine ve ihlal edilmesine yol açacak her türlü tutum, davranış, eylem ve söylemden sakınmak, elbette bu çerçeve içinde yer alacaktır. İnsanlığın huzur ve saadeti için Yüce Allah'ın koyduğu sınırları gözetme konusunda gösterilen duyarlılık, takvanın anlam çerçevesindedir. Buna göre insanlığın dünya ve ahiret saadeti için konulmuş bulunan sınırları ihlal etmeme noktasında en fazla sakınan, bu hususta en fazla hassasiyet gösteren kişi, takvaya en fazla riayet eden en muttaki insanlardandır.

İnsanları değerlendirirken ilahî ölçü budur. Bir hadis-i şerifte de ifade edildiği gibi 'İnsanlar tarağın dişleri gibi eşittir.' Hz. Ali efendimizin ifadesiyle 'İnsanlar ya dinde kardeş ya da hilkatte/yaratılışta eştir.' Birlikte yaşama hukukunu temellendirebilecek yegâne ölçü budur. Birlikte yaşamanın ahlakı da bu temel üzerine kurulabilir.

İslam'da ötekini yok etme başlığını taşıyan bir anlayışın hiçbir zaman yeri olmamıştır. Çünkü bu öteki -her ne kadar din hususunda ve itikatta Müslümanlara karşı da olsa- bir insandır ve o insan haklarına sahiptir. Kendi inancını koruyarak Müslümanlarla yan yana yaşamak istediği takdirde bu hususta kendisine imkân verilir ve baskı yapılmaz.

İnsanların renklerinin, dillerinin, ırklarının farklılığı, Yüce Allah'ın sınırsız güç ve kudretini gösteren ayetlerdendir, delillerdir. Yüce Allah şöyle buyurmaktadır: *'Göklerin ve yerin yaratılması, dillerinizin ve renklerinizin farklı olması da onun (varlığının ve kudretinin) delillerindendir. Şüphesiz bunda bilenler için elbette ibretler vardır.'* (er-Rûm, 30/22)

Bu farklılıkları var eden hiç bunların düşmanlık veya nefret nedeni yapılmasına rıza gösterir mi? Tam tersine ilahî irade bunların tanışmaya, hayırlı işlerde buluşmaya, yardımlaşmaya, işbirliğine ve insanlık namına ortak yararların ve maslahatların gerçekleştirilmesine vesile olmasını istemektedir.

*"Ağlarım ağlatamam, hissederim söyleyemem
Dili yok kalbimin, bundan ne kadar bizarım"*

M. Akif ERSOY

Hesabını Verebilecek miyiz?

Dr. Ülfet GÖRGÜLÜ
Din İşleri Yüksek Kurulu Uzmanı

Kalbimin dili olsaydı eğer ve nefesim yetip de duyurabilseydim sesimi tüm yeryüzüne, seslenmek isterdim bütün insan kardeşlerime:

Hepimiz yerkürenin üstünde kocaman bir aileyiz. Hz. Âdem ve Hz. Havva'nın kızları ve oğullarıyız. Müminin iman ettiği, ateistin inkâr ettiği bir Allah'ın kullarıyız. Hammaddesi topraktan var edilip iki üreme hücresinin döllenmesiyle oluşan bir zigottan yaratıldı biyolojik vücudumuz. İlahî bir nefha üflendi sonra bu vücuda ve insan olduk.

Her bir insan bir tanedir, yegânedir, özeldir. Her insan düşünceleri, duyguları, yetenekleri ile birbirinden farklıdır. Dili, ırkı, rengi, cinsiyeti ve milliyeti ne olursa olsun her insanın değeri, kıymeti, insanlık özü aynıdır. Onurludur, saygındır, canı, haysiyeti, malı dokunulmazdır. Her insan şerefli bir varlıktır ve haysiyetine yakışır bir şekilde yaşamayı hak etmektedir.

Allah Teâlâ yaratmaya değer bulduğu, ruhundan üfleyerek onurlandırdığı, konuşma, görme, işitme gibi sıfatlarla donatıp, kudret ve irade sahibi eylediği bu insanı yeryüzünün imarıyla sorumlu kılmış, aynı toprağın üstünde ve aynı gök kubbenin altında bir arada ve insana yaraşır bir şekilde yaşama imtihanına tabi tutmuştur. Dolayısıyla hepimiz birbirimizin imtihanıyız. Sonucunu, kendisine yüklediğimiz anlam, duruş ve davranışlarımızın belirlediği bir imtihandayız. Aynı zamanda yeryüzünü bize emanet eden Yüce Mevlâ, bizi de birbirimize emanet etmiştir.

Her aile içinde küçük ya da büyük anlaşmazlıklar olabileceği gibi, topyekûn insanlık ailesinin de her konuda uyuşması, sorun ve problemlerden azade bir bütünlük ve birlik sergilemesi elbette mümkün ve gerçekçi değildir. Ancak mütemadiyen çatışarak, çekişerek, ötekileştirerek, ezerek, üzerek, hor görerek, yok sayarak yaşamanın hepimize kaybettirdiği de bir vakıadır. Böylece hem insanlık imtihanını hem insanlığımızı kaybetmekteyiz her geçen gün...

Birlikte huzur ve güven içinde yaşayabilmek için ihtiyacımız olan erdemler ve dinamikler fıtratımıza nakşedilmiş iken bunları fiiliyata geçirmek, söylem ve eylemlerimize yansıtabilmek ve ikincisi olmayan bu dünyayı daha güzel, yaşanabilir bir dünya yapabilmek bu kadar zor mu gerçekten?

Saygıyı, hoşgörüyü, merhameti, adaleti, affetmeyi, dürüstlüğü, paylaşmayı, sabrı hayatımıza hâkim kılmak, ilişkilerimizin mihveri yapmak, gökdelenler inşa etmekten, devletler, şirketler kurup yönetmekten, bilişim teknolojileriyle hayal ötesi buluşlara imza atmaktan, uzayın derinliklerinde ya da DNA moleküllerinde incelemeler yapmaktan daha mı zor, daha mı külfetli?

Kalplerdeki kin ve nefret duygularını, hırs ve intikam arzularını parçalamak, atomu atomaltı parçacıklara ayırmaktan daha fazla mı çaba gerektiriyor? Yüreklerde sevgi, muhabbet, şefkat üretmek, kocaman fabrikalar kurup silah üretmekten daha mı masraflı ve zahmetli?

Ey Allah'a iman edenler!

Kutlu peygamberlerin ümmetleri!

Allah'a verilecek büyük bir hesabımız olduğunun farkında mıyız? Yüce Rabbimizin merhametini coşturacak, kutlu nebilerin şefaatini tecelli ettirecek, rahmet yüklü mesajlarıyla yeryüzünü cennete çevirecek bir gayret ve çalışmanın içinde olmamız gerekmez mi? Hepimiz böyle ulvî bir misyonu yerine getirmekle sorumlu iken, yeryüzünde hakkı, adaleti, tesanütü hâkim kılmak yerine ayrıştırmayı, ötekileştirmeyi ve düşmanlığı körüklemenin hesabını Rabbimize nasıl vereceğiz? Hz. Âdem (a.s)'den Hz. Muhammed Mustafa (s.a.s.)'ya kadar, hayatları boyunca her daim birleştirici, uzlaştırıcı, affedici barış elçileri olmuş enbiya efendilerimizle nasıl yüzleşeceğiz?

Bir insanı yaşatmanın bütün insanlığı yaşatmak gibi olduğu, bir insanı öldürmenin ise bütün insanlığı öldürmek anlamına geldiği ilahî öğretisinden hareketle, dünyanın dört bir yanında akan kanın durdurulması için çabalamak yerine kan akıtılmasına zemin hazırlayarak ya da seyirci kalarak hâlâ ve nasıl "biz de müminiz" diyebileceğiz?

Ey din-i mübin-i İslam'a intisap ve Hatemü'n-nebiye imanla şereflenmiş Müslümanlar!

Yeryüzünde barışı, huzuru ve kardeşliği tesis etmekle yükümlü olanlar!

Bizim Peygamberimiz belli bir zamana, mekâna ya da topluma değil, tüm insanlığa rehber olarak gönderilmedi mi? Onun vasıtasıyla tüm zaman ve insanlığa duyurulan evrensel mesaj, dillerin ve renklerin farklılığının Allah'ın ayetlerinden olduğunu (Rûm, 30/22) bildirmedi mi bizlere? O hâlde farklılıkları toplumsal bir zenginlik olarak görmemiz, "insan" üst kimliğinde birleşerek, her bireye insan olduğu için saygı duymamız gerekmez mi?

Veda hutbesinde Hz. Peygamber'in: *"Ey insanlar! Rabbiniz birdir, Hepiniz Âdem'in çocuklarısınız. Arab'ın Arap olmayana üstünlüğü yoktur."* hitabı, çağlar üstü bir mesajı, dile getirildiği anki hikmet ve değeriyle bugüne aynen taşımaktadır. Bu hitap aynı zamanda, rahmet peygamberinin yaklaşık 23 seneyi bulan risalet sürecinde farklı din mensuplarıyla olan ilişkilerinin, topyekûn insanlığa bakışının ve bu anlayışla ortaya koyduğu uygulamalarının kelama/evrensel bir mesaja bürünmüş halidir. Bugün ümmeti olarak, Efendimizin bu mesajını doğru okumak, anlamak ve gereğince amel etmekle yükümlü olduğumuzu hatırdan çıkarmamalıyız. Farklı görüşlere tahammülün giderek kaybolmaya başladığı ve insanların her geçen gün birbirlerini daha az anladığı hatta anlayamaz hâle geldiği günümüz dünyasında, karşımızdakini Allah'ın bir ayeti olarak görüp, anlamaya çalışmak ve hoş görebilmek erdemine, Resûlullah'ın bu konudaki örnekliğine ne kadar da ihtiyacımız var.

Hz. Peygamber (s.a.s.), insan haklarına saygı, insan onuruna hürmet ve insana hizmet adına, ona gülümsemeye de, eziyet veren bir maddeyi yoldan kaldırmaya da sadaka ölçüsünde değer atfetmiştir. En temel insan haklarının ayaklar altına alındığı günümüzde, bu ifadelerin ve davranış modelinin taşıdığı anlamı yeniden keşfetmeye hem Müslümanlar hem insanlık olarak ne kadar muhtacız.

Kendimizi sıgaya çekmekten imtina edip hep haklı ve kusursuz gördükçe, *"Kendinizi beğenip temize çıkarmayın. Kimin takva üzere olduğunu O çok iyi bilir."*(Necm, 53/32) ayeti gereğince nefis muhasebesi yapıp eksikliklerimizi telafi etmek yerine, hata ve kusuru karşımızdakine atfettikçe, zihin/niyet okuma ve su-i zanla hareket ederek nice kalpler kırıp, onurları çiğnedikçe Allah'a hesabımızı nasıl vereceğiz?

Başka inanç ve kültüre mensup toplumlarla bir arada yaşamanın İslam'ı temsil adına bize önemli bir sorumluluk yüklediğinin bilinciyle Hz. Peygamber'in güzel ahlakını şiar edinmemiz gerekirken, yaptığımız yanlışlar ve gayr-i ahlaki davranışlarla dinimize taş attırmanın vebalini nasıl taşıyabileceğiz? Ve ne zaman elinden, dilinden emin olunan bir Müslüman olacağız?

Aile ve akraba münasebetlerimizde, komşuluk ilişkilerimizde, arkadaşlıklarımızda, işyerlerimizde, trafikte, çarşıda, pazarda, ticaretimizde kısacası günlük hayatın akışı içinde, olur olmaz yerde parlayıp gazabımıza yenik düşmek yerine sükûneti, itidali, sabrı ve öfke kontrolünü becerebilen olgun bireyler olabilmeyi ne vakit başarabileceğiz?

Ey asabiyetini insanlığının ve Müslümanlığının önünde tutanlar!

Mezhepçilik, hizipçilik, etnik kimlik asabiyetiyle birbirine düşman olanlar!

İman ettiğimiz Resulümüz; *"Müslüman müslümanın kardeşidir; ona zulmetmez, onu yardımsız bırakmaz ve onu hor görmez."*(Müslim, Birr, 32) buyurmadı mı?

"Müminler birbirlerini sevmede, birbirlerine merhamet ve şefkat göstermede, tıpkı bir organı rahatsızlandığında diğer organları da uykusuzluk ve yüksek ateşle bu acıyı paylaşan bir bedene benzer."(Müslim, Birr, 66) diyerek din kardeşliğinin her türlü asabiyetin üzerinde olduğu hakikatini duyurmadı mı?

Bunların da ötesinde, *"Kim gayesi İslam olmayan bir bayrak altında bir asabiyete çağırırken veya bir asabiyete yardım ederken öldürülürse onun ölümü cahiliyye üzeredir."* (İbn Hanbel, Müsned, II, 306) buyurarak, müminin sadece dünyasını değil ukbasını da mahveyleyecek olan bu cehaletten ümmetini sakındırmadı mı?

Hangi mezhep, meşrep ve anlayış bir masumun kanını akıtmayı, camileri bombalayıp, türbeleri, mezarları yakıp yıkmayı meşru görebilir?

Medine'ye hicretin hemen akabinde farklı dinî gruplarla anlaşma imzalamış, bu insanlarla komşuluk ilişkilerinde bulunmuş, alışveriş yapmış hatta Yahudi asıllı olan Hz. Safiye validemizle evlenerek, onu hane-i saadetin hanımları ve müminlerin anneleri arasına katmış olan fahr-i kâinat Efendimizin gayrimüslimlere gösterdiği hoşgörü ve güzel muameleyi Müslüman kardeşinden esirgeyenler, bu zalimliklerinin hesabını verebilecekler mi?

Bir gece vakti hüzün ve gözyaşıyla ayrıldığı Mekke'ye bir gün zafer kazanmış bir komutan olarak döndüğünde kimseye ceza vermeyen, hiç kimseyi inancını değiştirmek için zorlamayan ve müşriklerin öncülerinden olup da İslam'a girenleri değişik biçimlerde onurlandırarak eşsiz bir tarih yazan Efendimize, yok ettikleri tarihin, talan ettikleri beldelerin ve tarumar ettikleri nesillerin izahını yapabilecekler mi?

Farklı içtihatları ihtilafa, ihtilafı tefrikaya, tefrikayı da şiddet ve vahşete dönüştürenler, nice savunmasız canları ihtiraslarına kurban edenler, bir zamanlar emniyet ve selamet diyarı olan İslam coğrafyasında fitne ateşini yakanlar, İslam'a en büyük ihaneti yaptıklarının farkında değiller mi?

Ey gücünü zulüm ve zorbalıktan alanlar!

Kendilerinde tüm dünyayı yönetme, bütün insanlığa hükmetme yetkisini görenler!

Nefsine güç yetiremeyen, söz dinletemeyenlerin hakikatte hiçbir şeye muktedir olamayacaklarını anlamak için daha kaç saltanatın yıkılması, zulm ile abad olunamayacağı gerçeğini görebilmek için kaç Firavun'un, Nemrut'un tarih sahnesinden silinmesi lazım?

Hz. Musa ve ümmetini küçük ve zayıf bir topluluk gördükleri için bir çırpıda yenebileceklerini, bir damla suda boğabileceklerini düşünenler kendileri boğulup gittiler. Ne itibarları kaldı ne saltanatları.

Güç ve kuvvetlerini ispat edercesine Hz. İbrahim'i yanardağ benzeri ateşlere atanlar, kendi hırs ve zulümlerinin ateşinde yanıp yok oldular. Ne kehkeşanları kaldı ne ihtişamları...

Güç ve bilgi, ahlak ve hikmet ile buluşmadıkça, mazlumların, mağdurların hakları iade edilmedikçe, bomba ve silah seslerinin, gariplerin ah u eninlerinin yerini sevinç ve mutluluk çığlıkları almadıkça bu yapılanların hesabını Allah'a verebilecek misiniz?

Ey İslam'ı vahşet ve terör dini ilan edenler!

Kendi çıkarlarını ve hesaplarını, icat ettikleri "İslamofobi" maskesi ardına gizleyenler!

Şu bir gerçek ki İslam, getirdiği evrensel mesajları ve öğretileriyle sadece mensuplarının değil, bütün insanlığın güven, huzur ve selametini garanti altına almıştır. Bu dinin peygamberi, mübelliği olan Hz. Muhammed (s.a.s.) de her vesile ile insanlığın eşitliğini ilan etmekle kalmamış bizzat uygulamalarıyla da farklı etnik ve dini grupların bir arada güven ve barış içinde yaşayabileceklerini tüm dünyaya göstermiştir.

Kur'an'a ve Hz. Peygamber'e gönülden inanan, inandığı değerleri samimiyetle yaşamaya çalışan Müslümanlar ise inanın yeryüzünde kurban kanından başka kan akıt(a)mazlar.

Tuzak kuranların tuzağını boşa çıkaran, *"Allah'ın tuzağından (kurtulacaklarına) emin mi oldular? Ziyana uğrayan topluluktan başkası Allah'ın tuzağından emin olmaz."* (A'raf, 7/99) buyuran Yüce Allah'ın bu ilahî beyanı gereğince kurduğunuz tüm tuzakların bir gün ayağınıza dolandığını gördüğünüzde, kin ve nefretlerinizin hesabını Yaratana verebilecek misiniz?

Ey Allah'ın sonsuz hazinesinden kendilerine lütufta bulunduğu servet sahipleri!

Dünyanın tüm zenginliklerini aralarında bölüşen mutlu (!) azınlık!

Merak ediyorum, yoksullukla kıvrananlara gözleri, açlıktan inleyenlere kulakları, soğuktan donanlara kapıları, işsizlere, aşsızlara, çaresizlere yürekleri kapatarak mutlu olunabilir mi gerçekten? Oysa zenginlik fakirlikten daha çetin bir imtihandır. Servetine servet katanlar, aslında yığın yığın biriktirenler değil, cömertlikle verebilenlerdir. Şu dünyada melekleri bile imrendiren en güzel ve asil davranış ihtiyaç sahiplerinin sıkıntılarını giderebilmek, veren el olabilmektir.

İnsanların önemli bir kısmı açlık sınırının altında yaşam mücadelesi verirken, diğerlerinin obeziteyle mücadele ettiği, doymak bilmez nefsi tatmin edebilmek için sınırsız harcayıp tükettiği bir dünyada yaşıyoruz maalesef. Vurdumduymazlıktan, duyarsızlıktan ve israftan yakamızı kurtarıp, zekat, sadaka, infak, hayır, yardımlaşma velhasıl hangi isimle anılırsa anılsın insani duyarlılığı gerçek anlamda tedavüle sokmadıkça zengin ile yoksul arasındaki bu büyük uçurumun kapanabilmesi mümkün değildir.

Paylaşmamız için veren, infak etmemiz için ihsan eden Mevlâ'ya bencilliğin, cimriliğin ve tamahkârlığın hesabını verebilecek miyiz? Verdiklerini bir gün geri alırsa şayet o zaman kimin kapısına gideceğiz?

Ey yeryüzü sakinleri!

20. asrın son ve 21. asrın ilk tanıkları!

Zamanın ve mekânın hakkımızda şahitlik yapacağı adalet ve hesap günü geldiğinde hesabını verebileceğimiz bir maziye imza atmak, bizden sonraki nesillere hayırla yâd edileceğimiz iyi bir gelecek ve yaşanabilir güzel bir dünya bırakmak en önemli sorumluluklarımızdandır. Bu bilinçle gelin hep birlikte ve gücümüz yettiğince kötülükleri bertaraf edebilmek, her türlü ayrımcılığın önüne geçebilmek ve beraberce huzur içinde yaşayabilmek için saygı, hoşgörü, merhamet ve adalet başta olmak üzere tüm ahlaki erdemleri hayatımıza hâkim kılalım.

Gündemi barış ve sevgi olan selim akıl ve kalp sahiplerinden olmaya çabalayalım.

Gelin Yaratanımızı darıltmayalım. Peygamberlerimizi güncendirmeyelim. Meleklerimizi, hoşnut olmayacakları hususları yazma zorunda bırakmayalım. Gelin hem dünyamıza hem birbirimize sahip çıkalım ve iyiliği yeryüzüne yayalım.

"Oku şayet sana bir hisli yürek lazımsa
Oku, zira onu yazdım, iki söz yazdımsa"

(Bilvesile Mehmet Akif'i rahmet ve minnetle anıyorum.)

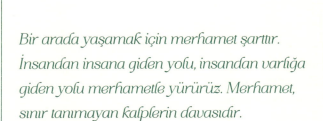

Bir arada yaşamak için merhamet şarttır.
İnsandan insana giden yolu, insandan varlığa
giden yolu merhametle yürürüz. Merhamet,
sınır tanımayan kalplerin davasıdır.

Bir Arada Yaşamak İçin: Merhamet

Prof. Dr. Kemal SAYAR
*Marmara Üniversitesi
Psikiyatri Anabilim Dalı Başkanı*

Selam üzerine olsun, insanlığın önderi efendimiz, merhametin vücut bulmuş hâliydi. Merhamet medeniyetimizin temel direklerinden biridir ve bir arada yaşamanın ahlakını bize sağlar. Bu anlayışla, dünyanın feryatları bizim feryatlarımız olur. İnsanı insana komşu kılan bir ahlaktan söz ediyoruz. Elbette, sözün hemen başında merhamet ve acımanın birbirinden farklı olduğunu söylememiz gerek. Çünkü merhamette denklik var. Merhamette lütufkârlık yok, kendimize bir rol biçme, bir üstünlük taslama hâli yok. Çünkü merhamet rahmetinin aslı, sahibinin vasıtası olmakla mümkün. Bu da bir hâldir, bir makamdır ve uğruna ter dökülmesi gerekir. Merhamet eden, merhamet edilmiştir.

Türkiye yakın geçmişte korkunç cinayetlerle sarsıldı. Sevginin özünde karşımızdaki canı aziz bilmek vardır. Zulüm ise o aziz canı bize bir obje, bir nesne olarak gösterir. Üzerine kuvvet uygulayabileceğiniz, eğip bükebileceğiniz bir nesne. İnsanlarla ya bir ben-sen ilişkisi kurarız, ya da ben-şey ilişkisi. Sevgi görmeyen insanlar kendi ruhlarına da yabancılaşıyor ve kendilerinden esirgenmiş olanı başkasından esirgiyor. Kendi canlılığını sadece yıkarak ve yok ederek hissedebilen bir insan türü ortaya çıkıyor. Sevgisizlik, ileriki hayatında insana ya bir özgüven azalması ve ezilmiş hissi, ya da yitirilmiş olanı kapatmak için sahte bir özgüven kabarması, bir ego şişmesi olarak dönebiliyor.

Bütün ahlaksızlıkların kaynağında komşunun ıstırabının meşrulaştırılması yatar. Bana sorulmamış olsa da, benden yardım dilenmemiş olsa da ötekinden, komşumdan sorumluyum. Komşunun yüzü beni ahlaka çağırır ve ahlak, incindiğim yerde başlar. Onun açlığı ve yoksunluğu beni de incittiğinde başlar. Kutlu sözü hatırlayalım: "Komşusu açken tok yatan kimse, gerçek anlamda inanmış olamaz." Bizim medeniyetimiz "komşuyu neredeyse komşuya varis kılacak kadar" komşuluk ahlakını vurgular. Ruhbilimde çocuklukla ilgili yaraların ihlal ve ihmalden kaynaklandığı söylenir. Çocuğa bizzat zarar vermek (ihlal) ve başkasının verdiği zararı dindirmek için harekete geçmemek (ihmal). Komşuluk için de aynı düsturu dile getirebiliriz: Komşu hakkının ihlal ve ihmali, ırkçılıktan yabancı düşmanlığına, yoksulluktan eşitsizliğe dek bir dizi toplumsal sorunun temelinde yatar. Kurbanın kendi kaderini hak ettiğini düşünen ve kötülüğü akla uydurarak meşrulaştıranlar, yani haksızlık karşısında sesini çıkarmayan ve komşusunun ıstırabına sırtını dönenler, kötülüğü icra edenler kadar mücrimdir. Çünkü kötülük ancak onların sessiz kalmaları kaydıyla hükmünü icra etmektedir.

Oysa her insan birbirine komşudur ve her insan birbirinden sorumludur, ben herkesten daha fazla sorumluyum. Bir arada yaşama ahlakı, bizi birbirimize barınak kılar. İnsan insanın yurdudur. Komşumun acısını kendimin bilmekle, ona bu dünyada yalnız olmadığını hissettiririm. Onun acısına bu dünyada bir yer açar ve ona bir anlam vermesine yardım ederim. Ona kayıtsız şartsız bir merhametle yüzümü döndüğümde ve acısını dindirmek için eyleme geçtiğimde, hem kendi dünyamı hem de onun dünyasını genişletirim. Daha metafizik bir düzlemde konuşacak olursam, merhamet seçmekle değil seçilmekle ilgilidir ve merhamet eden, seçilmiştir. Bütün varlıklara bir çekim ve bağlılık duyarız, çürümekte olan bir çiçeğin yerini değiştirir, yaralı bir hayvanı tedavi etmek isteriz. Varlık bize komşudur. Kendimizi başkalarına yardıma ne kadar hasredersek, onlarla meşguliyete ne kadar adarsak kendimizi, o ölçüde bencilliğimizden arınırız. Merhamet bizi günübirlik hayatın endişe ve tasalarından uzağa, komşumuzun kalbine taşır.

Rus şair Yevgeni Yevtuşenko anılarında ilginç bir olaydan söz ediyor: "Stalin bozguna uğramış 20 bin Alman askerinin sokaklarda geçit resminde bulundurulmasını istedi. Sokaklarda toplanan halk, düşmanlarına nefret içinde bakıyor ve öfkeyle yumruklarını sıkıyorlardı. Fakat birden onlara bir şey oldu. Alman askerlerini zayıflamış, saç-sakal karışmış, kirli ve kanlı bandajlar içinde, koltuk değneklerinde aksayarak veya arkadaşlarının vücuduna yaslanmış, başları öne eğik hâlde yürürken gördüler. Sonra birden yıpranmış çizmeler içinde bir yaşlı kadın öne doğru ilerledi. Hırkasının içinden renkli bir mendile sarılmış bir şey çıkardı ve onu açtı. Bu bir parça siyah ekmekti. Bunu zorla bir askerin cebine sokmaya çalıştı. Sonra her köşeden kadınlar gelmeye başladılar. Askerlerin ellerine sigara, ekmek veya ellerinde ne varsa onu tutuşturuyorlardı. Askerler artık düşman değildiler. Onlar insandılar."

İnsan, sevgi arayan bir varlık. Sevgiyle serpilip büyüyen, çiçeğin ışığa yönelmesi gibi sevgiye yönelen bir varlık. "Sevgi hakkı yadsınmış olan her insan sakatlanmış, varlığının kökleri baltalanmış demektir," diyor Henry Miller. Merhamet en evvel herkesin sevgiye değer olduğunu teslim etmektir. Hakkaniyet ve sevgi, merhametin âdeta kızlarıdır.

Yardımseverlik, diğerkâmlık veya dayanışma dediğimizde merhametin ilham verdiği eylemlerden söz etmiş oluruz. Merhamet sahipleri müşfik, hayırsever, nazik, yumuşak yürekli, anlayışlı ve empati yetenekleri yüksek insanlardır. İnsanın öteki insanın iyiliğine dair bir mesuliyet hissettiği ve onun ızdırabıyla harekete geçtiği bir durumdan söz ediyoruz. Kişi, talihsizlik kurbanının acısıyla karşılaştığında ya yüzünü ve ruhunu ona döner; merhamet eder ya da kurbanın talihsizliğinin kendisinde yarattığı huzursuzlukla kendine döner ve kurbandan gözlerini kaçırır. Merhamet, işte o gözlerin içine bakabilmekle başlar.

Bir güç başka bir güçle karşılaştığında güç mücadelesi ortaya çıkar, bir güç nazenin bir varlıkla karşılaştığında yabancılaşma olur ve nihayet iki nazenin varlık birbiriyle karşılaştığında yakınlık ve samimiyet zuhur eder. İncinebilir olmak ruhlarımızı yakınlaştırır. İkimiz de madem bu dünyada yaralanmış varlıklarız, madem yaralarımızdan tanıyabiliyoruz birbirimizi, bu aşinalıkla daha da sokuluruz birbirimize. Yaralarımız, bizi birbirimize dost ve akraba kılar.

Merhamet ve yardımseverlik arasında çok güçlü bir ilişki var. Merhametli insanların daha fazla sorumluluk sahibi olduğu, ahlaki yükümlülükleri daha çok sahiplendikleri bilinmektedir. Sosyalleşme, merhamet ve yardımseverliğin gelişiminde çok önemlidir. Ebeveynler, eylem ve yorumlarıyla yardım davranışının sürekli hâle gelmesini sağlar. Deneysel çalışmalar çocuklarda diğerkâm davranışın destekleyici aile ortamı ve olumlu akran etkileri tarafından beslenebildiğini göstermektedir. Çocukların yardımseverliği böylece hem pekiştirilmekte hem de anne-baba model alınarak bir önceki nesilden öğrenilmektedir. Elbette bu öğrenme süreçlerinin etkin olabilmesi için çocuğun başka bir kişinin ruhsal süreçlerinin deneyimleyebilmesi gerekir. Yardım edilen kişide mutluluk, sevinç ve rahatlama gibi duygular görüldükçe, çocuğun zihninde yardımseverlik giderek yerleşir. Çocuğun yardıma teşvik edildiği ve sonunda anne ve baba tarafından "sen cömert bir çocuksun" şeklinde ödüllendirildiği ailelerde, çocuk da "ben cömert bir çocuğum" diye düşünmeye başlar. Böylece istikrarlı bir özkimlik oluşmadan evvel çocuğun harcı olumlu bir şekilde yoğrulmuş olunur. Özellikle 7-8 yaşlarında çocuğun kendi hakkında düşünme biçimi oluşmaya başlar. Yardımsever bir rol kimliğine bürünen bir çocuğun bunu zaman içinde kendi kişiliğinin ayrılmaz bir parçası olarak benimsemesi beklenir.

Merhamet bizden kahramanlık beklemez. Varlığa sinmiş, kederi anlamamızı ister bizden. Kalbimizin en derinlerinde "ıztırap içindeki yabancı"nın ıztırabını dindirmek için hazır olup olmadığımızı sorar. Bir nezaket sözü, şefkat dolu bir dokunuş, sabırlı bir mevcudiyet, kendi korku ve tepkilerimizin ötesine geçme iradesi... Tüm bunlar bir korku ve acı anını dönüştürebilecek merhamet jestleri olabilir. Anlamak ve merhamet yolunda yürümek, "dünyanın feryatlarını dinlemeyi" öğrenmektir. Merhamet, bizi ve onları ayıran duvarları aşmak yolunda bir davettir. Çoğumuz merhamet yolunda kendi önyargılarımıza toslarız. Derin bir anlayış, kabulleniş ve cesaret olmaksızın merhamet olmaz. Anlamak için inan, inanmak için anla!

Merhamet; *"sınır tanımayan kalpler"*in işidir. "Beni anla, beni duy!" diye feryat eden her kader ve ıztırap anında, onu anlamak ve işitmek için orada olmaktır merhamet. Kalbin dili, ben ve sen arasındaki sınırı tanımaz. Merhamet; acıya bir mesafeden bakmakla değil, onun alevinin yakıcılığını ruhunda hissetmekle başlar. Merhamet; sabır, kabulleniş, farkındalık ve dürüstlükle beslenir. Benmerkezciliği ve daima haklı olma arzumuzu kurban etmeden yeşermez. Bizi umutsuzluk ve suçlama tuzağından çıkarıp alır, saygınlık ve iç bütünlük ile donatır. Ben ve öteki arasındaki ıztıraplı ayrılığı kaldırır. Merhamete ebelik eden, acıdan yüz çevirmek değil, acıyla birlikte kalma iradesidir. Kendi hayatında yüzünü kedere dönersen, dünyadaki o bitmek bilmez acıya gözlerini açacaksın. Terör, şiddet, açlık ve mülksüzlük penceresinde kıvranan insanlara açılacak kalbin. Dünyanın feryatları senin feryatlarındır. Kalpten kalbe bir yol var. Merhamet, hayatımıza kaçınılmaz bir şekilde giren acıyı nezaketle kabullenmektir. Kaybedişin hüznü bizi hayatın kırılganlığını görmeye çağırıyor. Ancak kendi kırılganlığımızla karşılaşmak ve onu yakından bilmekle, ötekinin acısını da anlamaya başlarız. Merhamet, annenin rahminde büyüttüğü çocuğa karşı hissettiği gibi, bir başkasının hayatını hissedebilmektir.

Merhamet için bazen de bağışlayabilmek gerekir. Merhamet, affedişten önce gelir. Bağışlamak, "sen yaptıklarından daha değerlisin," demeye gelir, yani "sende umut var, yaptığın şeyden başka bir şey de yapabilirdin, tüm olanaklarını yitirmedin," demektir. Eğer bize yanlışlık yapan kişiyi affedemezsek tam manasıyla iyileşemeyiz. İyileşmek için insanın kendisini acıya açması ve teslim olabilmesi gerekir; incinebilirlik ve acziyeti kabullenebilmesi, onlarla yüzleşebilmesi gerekir. "Affedişin iki kızı var: Adalet ve merhamet," demiş eskilerden bir bilge. Gerçekten affedebilmek için adaletle hareket etmek, hakikatle yüzleşmek ve verilen zararı küçümsememek gerekir. Bunu merhametle yapmalıyız ki bir uzlaşma boy verebilsin. Uzlaşma olmaksızın adalet intikamdır ve intikam yeni bir şiddet döngüsünü başlatır. Adalet olmaksızın uzlaşma ise nisyandır, unutuştur. Unutmak ne bir çözüm ne de bir uzlaşı sağlar. Çatışma sonrası durumlarda, paylaşılmış tarihsel belleğin yeniden inşası, ilişkilerdeki güveni onarmak için önemli bir adımdır. İnsan hakları ihlallerini isimlendirmekle toplumun bu ihlalleri sosyokültürel bir düzeyde anlayabilmesi de sağlanır. Suçları ve suçluları isimlendirmek, onların bir daha yaşanmasının önüne geçmek için elzemdir. Böylece hayatta kalanların iyileşmesi hızlanır, kurbanlar çektikleri acının boşuna olmadığını görmekle onurlandırılır.

Bazen umudun şafağı bir ümitsizlik gecesinin sonunda doğar. Umutla karşılaşmak için ümitsizliğin de ötesine geçebilmek gerekir, gecenin en ucuna gittiğinizde orada yeni bir şafak sizi bekleyecektir. Günümüzde hemen ağrıdan kaçmak istiyor, çoğu zaman kedere tahammül edemiyoruz. Acıdan kaçmaya çalışırken onun içine kısılıp kalıveriyoruz. Analjezi toplumunda, ıztıraptan bir şeyler öğrenmek yerine, onu yok etme, onu görmezden gelme, ondan kaçma öne çıkan tavırlar oluyor. Oysa insandan tüm özgürlükleri alınsa bile bir şey asla alınamaz: Kendi yolunu seçme özgürlüğü. En zor koşullarda bile kendi yolumuzu seçebiliriz. İrade, hayatın en dibe değdiği yerlerde bize yukarı sıçramak için imkân verir.

Acısıyla bize yönelen kişiyi feraset ve basiretle dinleyebilmemiz gerek. Dinlemek pek çok seviyede gerçekleşebilir. Önce dinlediğim kişinin düşünce ve duygularını anlamaya çalışırım. Ve bana anlattığı öyküyü. Gerçekliği nasıl kuruyor, aklını nasıl kullanıyor, onu ne duygulandırıyor ve tutkularını harekete geçiriyor? Yaşantısındaki önemli an ve örüntüler neler? Sonra kendimi dinlerim. Kendi arzularımı, heveslerimi, bağlanma, önyargı ve özgürleşememe alanlarımı anlamaya çalışırım. Üçüncü olarak içinde yer aldığım bağlamı dinlerim: İçinde yaşadığım toplumda adalet ve eşitliğin önünü ne tıkamaktadır? Merhametin yayılmasını engelleyen şey nedir? Topluma menfaat ve dertler nasıl dağıtılmaktadır? Ve nihayet vicdanın çağrısını dinlerim. Bütünlük, ahlak ve adalet erdemleri için, daha iyi bir dünya için nasıl eyleme geçebilirim?

Merhamet, bizden başkasının hikâyesini ondan etkilenmemize izin vererek dinlememizi ister. Feraset, bizi bu hikâyeyi dinlerken ruhumuzun kıpırdanışlarını hissetmeye ve neyin bize iyi bir kaynaktan neyinse başka bir yerden geldiğini anlamaya çağırır. Bu şekilde ötekinin hayatında ne olmakta olduğunu onun bakış açısından anlamaya çalışırız. Onlar açısından neyi yapmanın onlara daha fazla fayda sağlayacağını anlamaya çalışırız. Bir yandan da bu sürecin bizim üzerimizdeki etkilerini gözler ve bunun öteki için ne anlama geldiğini anlamlandırmaya gayret ederiz. Merhamet ,bizi ötekinin hikâyesine değer vermeye davet eder. Onu dinlemeye davet eder çünkü hepimiz bir başkasına ötekiyiz. Hepimiz ötekileriz. Eğer hikâye bir mücadele hikâyesi ise hepimizin yaşanmış tecrübelerinin bir aynası ve insan saygınlığının bir ifadesi olarak içsel bir değer taşır. Bazı öykülerin etkisi daha büyük olur ama her ıztırap öyküsü bütün için hayatî önemdedir ve ilgiyi hak eder. Kalbinize dokunmaya başladığınızda veya ona dokunulmasına izin verdiğinizde, onun uçsuz bucaksız olduğunu fark edersiniz, onun bir çözümü olmadığını, bu kalbin çok büyük, geniş ve sınırsız bir yer olduğunu fark edersiniz. Orada ne kadar sıcaklık ve nezaket olduğunu fark edersiniz ve ne kadar da boşluk olduğunu. Kalbin istiap haddi bitmez, oraya alınacak misafirle genişler kalp, yeni deneyimlerle büyür. Kalpten veren kişi daha da zenginleşir.

Bir arada yaşamak için merhamet şarttır. İnsandan insana giden yolu, insandan varlığa giden yolu merhametle yürürüz. Merhamet, sınır tanımayan kalplerin davasıdır.

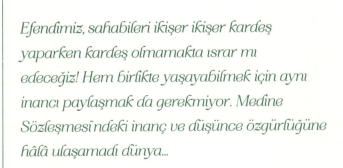

Efendimiz, sahabileri ikişer ikişer kardeş yaparken kardeş olmamakta ısrar mı edeceğiz! Hem birlikte yaşayabilmek için aynı inancı paylaşmak da gerekmiyor. Medine Sözleşmesi'ndeki inanç ve düşünce özgürlüğüne hâlâ ulaşamadı dünya...

Kardeşime Mektup

A. Ali URAL
Yazar

Aynı karında büyüdüğümüzü bilmiyordum, çok sonraları öğrendim bunu. Anneme anne demiyordun, senin annen başkaydı, nereden bilebilirdim. Babam, kardeşini koru demişti, ağabeyiydim onun. Kardeşler korunmak içindi lakin büyük bir kalabalık vardı dışarıda, kapımızı dalgalar gibi döven. Gözleme deliğinden baktığımda tanıyamadım. Kardeşim ve ben bir yanda, diğer yanda adlarını bile bilmediğim binlerce gölge. Sen de onların arasındaydın ve kardeşimi senden korumam gerekiyordu. Yüzün yüzüme benzemiyordu, saçların saçlarıma. İşte kollarımız yan yana iki renk birbirinden uzak. İki ayrı nehir farklı denizlere akan, balıklarımız farklı. Konuşmalarımızdan bile anlaşılıyordu yabancı olduğumuz, aynı havayı da solusak.

Aynı karında büyüdüğümüzü bilmiyordum, çok sonraları öğrendim bunu. Belki de sana yardım edebilecek tek insan bendim. Hastanenin koridorlarında bir araba sürükleniyordu, sen vardın içinde. Ben sahilde güneşin batışını seyrediyordum. Aynı sokakta oturuyorduk ekvator çizgisiydi sokağımız, gizli kuşağı dünyanın. Karşı karşıyaydı evlerimiz tokalaşmadık hiç. Seni bir gün bile selamlamadım, hayat zordu. Yüzümden düşen bin parçaydı, zaman yoktu gülümsemeye. Hep yetişecek bir yerler vardı, sen yoktun o yerlerin içinde. Hediye paketleriyle doluydu bavulum uzaklardan dönerken. Fiyonklar kıpkırmızı, adını hatırlamadım.

Aynı karında büyüdüğümüzü bilmiyordum, çok sonraları öğrendim bunu. Bir kitaptan öğrendim duvarda asılıydı. Taşlarının birbirini desteklemediği bir duvarda asılıydı, elime aldım. Yeni bir kıtaydı, adım atmadığım bir diyar, haritam yoktu. Bir anda kendimi o sayfanın önünde buldum. Bir anda kayığım kayalara vurdu. Bir anda o cümle yankılandı odada. Annem büyüdü, kardeşlerimle paylaştığım boşluk büyüdü. Binlerce insanla aynı anda yeniden doğdum. Aynı anda vurdu güneş yüzlerimize. Bu nasıl bir doğum, kardeşlerim mi bunlar! Fakat benzemiyor bana hiçbiri. Derken, rengârenk bebeklerden kızıl tenlisi, dili döndüğünde kardeşim dedi, arkamda yürüme, öncün olmayabilirim; önümde yürüme, takipçin olmayabilirim. Yanımda yürü, eşit oluruz böylece.

Aynı karında büyüdüğümüzü bilmiyordum, çok sonraları öğrendim bunu. Hazırlıklı değildim, şaşkınlıkla koştum aynaya. Ben sureti seyrederken titredim. "Müminler kardeştir" cümlesi elimden tuttu. Ayna elimden tuttu camda yeni yüzlerim. Bu kara derili adam benim, dişlerim bembeyaz. Gözlerim çekildi bir perde gibi, Türkmen çadırından çıktım. Kısık gözlerimden yayılan ışığa bak. Derken bir ezan sesi duydum, Ümeyye Camii'nden geliyor. İki yüz seksen penceresi, iki yüz seksen yeni ayna. Başıma sardığım sarık kuyruklu yıldız gibi uzuyor. Anadolu'nun üzerinden akıyor, batıdan doğuya. Biz değil miydik omuz omza kâfirin karşısına çıkan. Bu nasıl dava, kardeşliğimizi kim vurdu! "Müminler kardeştir" buyurdu Hak, bitmiyor ayet. Bir yıldız gibi akıyor kalplerimize, "Öyle ise iki kardeşinizin arasını düzeltin ve Allah'tan korkun ki esirgenesiniz." (Hucurat, 49/10)

Aynı karında büyüdüğümüzü bilmiyordum, çok sonraları öğrendim bunu. Peygamber'i gördüm aynada, birbirine geçirmiş parmaklarını. Salât ve selam üstüne olsun birbirine geçirmiş nur parmaklarını. "İnananlar örülmüş bir bina (duvar) gibidir, (tuğlaları) birbirini destekleyen," diye sesleniyor zamana. Akrep ve yelkovan titriyor, takvim yaprakları uçuşuyor havada. Öyle bir şey söylüyor ki Hz. Peygamber (s.a.s.), kaçış yok kardeşlikten, "Canım kudret elinde olan Allah'a yemin ederim ki iman etmedikçe cennete giremezsiniz. Birbirinizi sevmedikçe de (gerçek manada) iman etmiş olmazsınız..." (Ebû Davûd, Edeb, 130).

Ah, sevgi... Bir kez düşmesin kalbe, nasıl kök salıyor iyilik ağacı. Kâh "erdemlilik sözleşmesi"ne dönüşüyor kâh "güzel borç"a. Bize dokunmayan yılanlar uzun ömürlü olmuyor artık, bize yapılan yardımlardan minnet yükü kalkıyor. "Biz," diyorum kardeşim, "ben" kardeşliğin yüzünde çirkin duruyor. "Ben" öyle bir kalkan ki seni görmeme engel oluyor. Hâlbuki aynı ölçeğin içindeki buğday taneleri olduğumuzu söylemiş Efendimiz. Bu kadar yakınken bu kadar uzak, bu kadar birbirine benzerken bu kadar ayrı... Söyle, bizi kim ölçebilir!

Aynı karında büyüdüğümüzü bilmiyordum, çok sonraları öğrendim bunu. Seni görmek kadar örtmekle de yükümlü olduğumu sonradan öğrendim. Senin kusurun benim kusurummuş aslında. Onu örttüğümde kendi kusurumu örtüyormuşum. Senin bir sıkıntına koştuğumda sıkıntılarıma koşmayı vadediyormuş Allah. Sana kolaylık gösterdiğimde kolaylaşıyormuş işlerim. Hastalandığında ziyaretine gelsem, dönüşte cennet bahçelerinden geçiyormuşum. Gülümsesem ağaçlar meyvelerle doluyormuş birden.

Sen benim adı konulmamış ortağımmışsın kardeşim. Birlikte kazanmaya mecbur, tek kaldığımızda iflas etmeye mahkûmmuşuz. Bu yüzden birimizin pazarlığına müdahale etmiyormuş diğerimiz. Birimizin ticaretine gölge düşürmüyormuş öteki. Bir şey sattığımızda kusurlarını söylüyormuşuz önce. "Bizi aldatan bizden değildir" (Müslim, İman, 164) terazisi titriyormuş kalbimizde çünkü. Üreticinin malını pazara girmeden satın alarak hem onu hem tüketicileri zarara uğratmaktan menolunmuşuz. Eksik ölçüp tartmak mı?.. Eli kurusun yapanın! Yemin etmek mi satabilmek için kusurlu malını, dili kurusun! Üçüncümüzün yüce Allah olduğu bir ortaklık... Birbirimizi aldattığımızda yaratıcımız bizi terk edecek; ne büyük korku!

Aynı karında büyüdüğümüzü bilmiyordum, çok sonraları öğrendim bunu. Her ne varsa yeryüzünde birbiriyle komşu olduğunu, sonra. Denizin karaya, yaprağın ağaca, yıldızların gökyüzüne, balıkların ırmağa komşuluğunun aramızdaki komşuluğun yanında lafı mı olur. "Allah'a ve âhiret gününe inanan komşusuna eziyet etmesin" (Buharî, Edeb, 3) buyruğunu duyup da seni nasıl rencide edebilirim! Hem yaralamamakla bitmiyor iş, şifa olmakla da sorumluyum yaralarına.

Kardeşim, birlikte yaşamanın zor olduğunu söyleyenler yalan söylüyor. Birlikte yaşayamamak asıl zor olan. Öyle olmasa, "Kulaklarım komşuların ayak sesinde,"[1] der miydi şair, "Kimsesizlik"in acısını üflerken. Ayak seslerimiz birbirimizin sevinci olmalı, korkusu değil. Neredeyse mirasçı olacaktık birbirimize madem, muhabbeti miras bırakalım hiç olmazsa çocuklarımıza. Efendimiz, sahabileri ikişer ikişer kardeş yaparken kardeş olmamakta ısrar mı edeceğiz! Hem birlikte yaşayabilmek için aynı inancı paylaşmak da gerekmiyor. Medine Sözleşmesi'ndeki inanç ve düşünce özgürlüğüne hâlâ ulaşamadı dünya.

Kâinatın Efendisi (s.a.s.), dünyadan ayrılma zamanının yaklaştığını sezdiğinde Hira'dan beri yüce Allah'tan kendisine haber taşıyan o büyük meleğe dönüp "Ey Cebrail, öleceğimi anladım," demiş ve şu ayeti işitmişti ondan: "Âhiret senin için dünyadan daha hayırlıdır, Rabbin sana (istediğini) verecek sen de razı olacaksın." (Duha, 93/4-5.)

Sezgilerinin teyit edilmesi üzerine Peygamber Efendimiz, müezzini Bilal-i Habeşî'den, insanları namaza çağırmasını iste-

---

1 Kemalettin Kamu

di. Ezanı duyan sahabiler heyecanla yola düşüp Mescid-i Nebevi'de toplandılar. Efendimiz namaz kıldırdıktan sonra minbere çıktı ve şu soruyu yöneltti onlara:

- Ey insanlar sizin için nasıl bir peygamber idim?

Bu soruyla kalpler ürperdi, yaşlar hücum etti gözlere.

- İyilik kaynağı bir Peygamber! Merhametli bir baba, şefkatli ve öğüt veren bir kardeş gibiydin bizim için. Allah'ın sana verdiği peygamberlik görevini yerine getirdin, O'nun vahyettiğini bize ilettin, Allah'ın yoluna hikmetli ve güzel sözlerle davet ettin bizleri. Allah, peygamberleri için takdir ettiği mükâfatların en güzeliyle seni ödüllendirsin!

Bu sözleri işiten Efendimiz şöyle buyurdu:

- "Ey Müslüman topluluğu! Üzerinizdeki hakkım ve Allah adına sizden kime bir haksızlık yapmışsam kıyamette hesaplaşıp hakkını almadan önce, şimdi ayağa kalkıp hakkını benden almasını istiyorum."

Kalpler bir kez daha ürperdi. Ne hakları olabilirdi ki Resûlullah'ın üzerinde! Hiç kimse yerinden kıpırdamayınca Efendimiz aynı sözleri üç kez tekrarladı. Üçüncüde kendisine Ukkâşe denilen yaşlı bir sahabi, hayret dolu bakışlar arasında ayağa kalktı, Müslümanları yararak Efendimiz'e doğru ilerledi, tam önüne geldiğinde durup ağır ağır konuşmaya başladı:

- Anam babam sana feda olsun ey Allah'ın elçisi, ısrar etmeseydin karşına çıkıp bir şey istemeyecektim. Bir savaştan sonra gazilerin arasındaydım. Ayrılmak üzereyken develerimiz yan yana geldi. Devemden inip ayağını öpmek için sana yaklaştığımda değneğini kaldırdın ve sırtıma vurdun. Kasten mi vurdun yoksa deveye mi vurmak istemiştin bilmiyorum.

Bir hüzün bulutu arasından cevap verdi Efendimiz:

- Ey Ukkâşe, Allah'a sığınırım sana kasten vurmaktan. Ey Bilal git, kızım Fâtıma'dan uzun bir değnek getir bana.

Emri işiten Hz. Bilal, şaşkınlıktan ellerini başının üzerine koyarak çaldı Hz. Fâtıma'nın kapısını. O Allah'ın peygamberi ve kendisine kısas yapılmasını istiyor!

- Ey Peygamber'in kızı! Bana uzun bir değnek ver!

Hz. Fâtıma, merakla sordu:

- Bugün ne hac günü ne de onun savaştığı bir gün! Babam uzun değneği ne yapacak?

Bilal nasıl anlatacağını bilemiyordu üzüntüden:

- Babanın yaptıklarından haberin yok. Allah'ın elçisi borçlarını ödüyor, dünyayı terk ediyor ve kendisinde hakkı olanların haklarını almasını istiyor!

Hz. Fâtıma, titreyen bir sesle sordu:

- Ey Bilal! Allah'ın elçisine kısas yapmayı kendisine layık gören kimdir! Hasan ile Hüseyin'e haber ver. O adamın yanına gitsinler de almak istediği hakkını onlardan alsın. Peygamberden almasına izin vermesinler!

Bilal-i Habeşi, emrolunduğu üzere değneği mescide getirip Peygamberimiz'e verdiğinde Efendimiz, Ukkâşe'ye uzattı onu. Bunu gören Hz. Ebubekir ve Hz. Ömer, yerlerinden fırlayıp seslendiler Ukkâşe'ye:

- Ey Ukkaşe! İşte önündeyiz. Hakkını bizden al. Peygamber'den alma!

Efendimiz, onları susturdu:

- Bırak ey Ebubekir, sen de bırak ey Ömer! Allah, değerinizi ve makamınızı biliyor!

Bunun üzerine Hz. Ali ayağa kalktı:

- Benim hayatım Allah'ın elçisinin hayatının önündedir. İşte sırtım, hakkını kendi elinle benden al ve bana yüz sopa vur. Fakat Allah'ın elçisinden alma bunu!

Efendimiz, Hz. Ali'yi de yatıştırdı:

- Otur ey Ali! Allah, senin değerini ve niyetini biliyor!

Sıra Hz. Hasan ve Hz. Hüseyin'e gelmişti, onlar da kalkıp âdeta yalvardılar Ukkâşe'ye:

- Ey Ukkâşe! Sen bilmiyor musun biz Allah'ın elçisinin torunlarıyız. Hakkını bizden alman Peygamber'den alman gibidir!

Efendimiz, canlarını da sakinleştirdi:

- Gözümün nuru torunlarım, siz de oturun. Allah, sizin de niyetinizi ve değerinizi bilmektedir.

Nihayet Efendimiz, Ukkâşe'ye emretti:

- Ey Ukkâşe! Hadi artık vur!

Ukkâşe, bunun üzerine öyle bir cümle sarf etti ki, uğuldadı mescit:

- Ey Allah'ın elçisi! Bana vurduğunda benim üzerimde elbise yoktu!

Peygamberimiz sırtını açtı. Müslümanlar yüksek sesle ağlıyorlardı. Ukkâşe, Peygamberimiz'in sırtına baktı; Mısır dokuması ince ve beyaz keteni andırıyordu mübarek teni. Üzerinde nübüvvet mührü! Ukkâşe, bir an tereddüt etmeden öptü o mührü!

- Anam babam sana feda olsun ey Allah'ın elçisi, sana kısas yapmaya kim cür'et edebilir!

Efendimiz, bunun üzerine şöyle buyurdu:

- Ya hakkını alman için gerekeni yap ya da affet!

Ukkâşe'nin gözleri ışıldıyordu:

- Kıyamet gününde Allah'ın beni affetmesini umarak sizi affediyorum.

Bunun üzerine müjdeyi verdi Efendimiz:

- Kim cennetteki arkadaşımı görmek isterse bu adama baksın! Mescid-i Nebevi bayram yerine döndü bir anda. Orada bulunan bütün Müslümanlar ayağa kalkıp tek tek Hz. Ukkâşe'nin alnından öptüler.

- Ne mutlu sana, Peygamber'in cennet arkadaşı oldun! (Taberânî, Mu'cemu'l-Kebîr, 3/58)

Kardeşim, seni geç tanıdım, bırakmayacağım. Ne derinin rengi ne meşrebinin alıkoyamayacak seni sevmekten. Söylenenlere inanma, aynı anneden doğduk. Nuh'un gemisindeyiz hepimiz. Bizi dağlarda "Kenan" etmek istiyorlar, su yükseliyor dünyayı yutacak, gemiye atla. Hz. Muhammed'in (s.a.s.) kaptanlığında sahile çıkalım. Bak ne diyor hepimizi aynı anda kucaklayan ses: "Hepiniz Âdem'densiniz Âdem ise topraktan." Bak ne diyor, yanlış yolda olsa da kardeşimiz, "Zalim de olsa mazlum da kardeşine yardım et!"

Ey Allah'ın elçisi! Mazlum olana yardımı anladık. Zalimse nasıl yardım edeceğiz!

Ellerini bağlarsın (Buharî, Mezalim, 4).

Kardeşim ellerimi çöz. Çöz ki ellerimizi iç içe geçirelim. İç içeydik, ellerimizi koparanlar duysun ne dediğimizi: "Allahumme salli alâ seyyidina Muhammed!"

Aynı karında büyüdüğümüzü bilmiyordum, çok sonraları öğrendim bunu. Kardeşim beni affet!

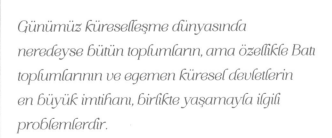

Günümüz küreselleşme dünyasında neredeyse bütün toplumların, ama özellikle Batı toplumlarının ve egemen küresel devletlerin en büyük imtihanı, birlikte yaşamayla ilgili problemlerdir.

Çağdaş Dünyada Birlikte Yaşama

Prof. Dr. Ejder OKUMUŞ
Eskişehir Osmangazi Üniversitesi
İlahiyat Fakültesi

Giriş

Birlikte yaşama; farklı inanç, din, düşünce, mezhep, grup, cemaat ve kültürden insanların aynı toplumsal atmosferde kendi inanç, din, düşünce ve kültürlerini koruyarak bir arada yaşama pratiklerini ifade eder. Birlikte yaşama, çağdaş topluma özgü bir kavram ve olgu değildir, insanların çeşitli açılardan, örneğin yaş, cinsiyet, meslek, statü, inanç, din, düşünce, anlayış ve kültür bakımından farklılaşma süreçlerini yaşamaya başladıkları zamana kadar geriye gider. Fakat bu bölümün konusu, çağdaş dünyada birlikte yaşama olarak sınırlandırılmıştır. Geçmiş zamanlarla zaman zaman karşılaştırmalar yapılmaktadır, fakat birlikte yaşama konumuzun bağlamı, günümüz toplumlarıdır. Bu bölümde çağdaş, yani eşzamanlı olarak var olduğumuz toplumlarda birlikte yaşamanın özellikleri, sorunları, başarı ve başarısızlıkları, birleştirme ve bütünleştirme boyutları ile ayrıştırıcı, marjinalleştirici ve cemaatleştirici boyutları üzerinde durulmaktadır.

---

* Padişah Gazeline Beşleme

Birlikte Yaşamanın Anlamı

Birlikte yaşamanın anlam dünyasına girmek istediğimizde, aslında insan gerçekliğiyle karşılaşırız. İnsan gerçekliği de bizi toplumsal hayata, birlikte yaşamaya götürür. O hâlde birlikte yaşama, gerçekte insanın zorunlu olarak toplumsal varlık oluşuyla doğrudan ilgili bir olgudur. İnsan; Aristoteles, Farabi, İbn Haldun ve Gazali gibi düşünür ve ilim adamlarının farklı biçimlerde ifade ettikleri gibi tabiatı gereği toplumsal bir varlıktır. İnsan olmak esasen toplumsal varlık demektir. Toplumsal varlık, toplumda yaşayan, toplumda kendisi dışındaki insanlarla, toplumsal varlıklarla birlikte yaşayan, toplum denilen varlığı, bütün imkân ve sınırlılıklarıyla paylaşan insan demektir.

Görüldüğü gibi birlikte yaşamak, insan için zorunlu bir durumu ifade etmektedir. Birlikte yaşama denildiğinde farklı insan tiplerini, farklı düşünen, inanan ve yaşayan insanların birarada yaşaması, belli ortak paydalarda buluşarak toplumsal hayat içinde varlıklarını sürdürmeleri anlaşılırsa, o takdirde toplumsal hayat, farklılıklarla birlikte yaşamak anlamına gelir. Toplumsal kural veya normlar, değerler veya ahlaki ilkeler, dinî esaslar vs. de insanın toplumsal hayatta nasıl yaşaması gerektiğini, toplumda farklı insanlarla nasıl birlikte yaşayacağını belirler ve gösterir. İslam dini ve diğer ilahî dinlerin, aslında hemen hemen bütün dinlerin de yapmak istediği veya yaptığı, toplumda birarada yaşama ilkelerini ortaya koymak ve öğretmek, insanların birbirleriyle toplumda birlikte yaşayacakları bir düzenin nasıl inşa, ikame ve idame edileceğini göstermektir. Dinî ilke, kural ve yasalara bakılırsa, insanların, toplumda, toplumsal hayatta birbirleriyle nasıl geçineceklerini, nasıl birlikte yaşayacaklarını, toplumsal hayatta nasıl yaşarlarsa huzur, adalet ve mutluluk ortamına kavuşacaklarını göstermeyi amaçladıkları görülür.

Beşerî anayasa, yasa, kural, âdet, gelenek ve öğretiler de gerçekte insanların birarada doğru ve sağlıklı bir biçimde yaşayabilmelerinin yollarını araştırır ve göstermeye çalışırlar. Son tahlilde insanlar, çeşitli kural, yasa ve ilkelerle kendileri için zorunlu olan birlikte yaşamayı sağlıklı ve doğru bir biçimde gerçekleştirmenin yollarını bulmak için çaba harcamış ve harcamaya devam etmektedirler.

Birlikte Yaşama Zorunluluğu

Toplumsal hayat, insan için zorunlu olduğuna göre birlikte yaşama da zorunludur. Çünkü birlikte yaşama, toplumsal hayatın zorunlu kıldığı bir durumdur. Toplumsal hayat zorunlu olduğuna ve toplumsal hayatı paylaşan insanların, farklı yaş, cinsiyet, statü, meslek, ekonomik düzey, ırk, görüş, düşünce, inanç, din ve kültüre sahip olmaları mümkün ve hatta normal olduğuna göre birlikte yaşama da doğal olarak zorunlu olacaktır. Bu durumda insanlar birlikte yaşamanın yollarını aramak durumundadırlar. Nitekim tarihte olduğu gibi günümüzde de böyle olmaktadır. Aksi hâlde toplumsal hayatın sürdürülebilir olması mümkün olmazdı.

Kuşkusuz birlikte yaşama kültürüne aykırı hareket eden, o kültürü bozmaya çalışan, o zorunluluğa karşı duran birey, grup, kuruluş ve siyasal hareketler hep olmuştur. Bugün de olmaya devam etmektedir. Hatta bugünün toplumlarında, birlikte yaşamaya dair insanlığın büyük birikimlere sahip olmasına rağmen birlikte yaşamayı tehdit etme, mahvetmeye çalışma durumları daha derinlikli ve karmaşık boyutlardadır.

Çağdaş Dünyada Birlikte Yaşama ve Sorunları

Çağımız dünyasında birlikte yaşamanın durumuna biraz yakından bakılmak istenirse, görülür ki bütün dünyada küresel ölçekte önemli ve girift problemlerle karşı karşıyayız. Bir arada yaşamanın içeriğine, niteliğine gelince; sosyolojik perspektifle bakıldığında görüleceği üzere âdeta bin bir türlü grup, cemaat, ekonomik düzey, renk, dil, ırk, inanç, din, kültür, mezhep, sekt, hareket, tarikat olduğuna göre insanlık, oldukça karmaşık ve başedilmesi de belli güçlükler taşıyan bir durumla karşı karşıyadır. Nitekim o kadar çok çoğulculuk, çokkültürlülük, demokrasi ve insan hak ve özgürlüklerinden bahsedildiği hâlde fiziki çatışma, savaş, şiddet, mahrumiyet, zulüm, adaletsizlik, ayrımcılık ve eşitsizlik gibi ötekileştirmeyi, marjinalleştirmeyi, ayırmayı beraberinde getiren olumsuz ilişki biçimleri, çok ciddi bir biçimde insanlığın önünde büyük bir problem olarak durmaktadır.

Günümüz küreselleşme dünyasında neredeyse bütün toplumların, ama özellikle Batı toplumlarının ve egemen küresel devletlerin en büyük imtihanı, birlikte yaşamayla ilgili problemlerdir. Batı'da birlikte yaşamaya dair ciddi bir literatür birikmiş olmakla beraber farklı dil, ırk ve dinlere karşı çeşitli boyut ve düzlemlerde birlikte yaşama kültürüne hiç uygun düşmeyen tutumlar, davranışlar, siyasetler, yasalaştırmalar, ayrımcılıklar, ötekileştirmeler, marjinalleştirmeler, son zamanlarda İslamofobiyi derinleştirmeler vs. tehlikeli noktalara erişebilmektedir.

Ötekileştirme, Marjinalleştirme ve Ayrıştırma

Belirtildiği gibi günümüz toplumlarında bir arada yaşama edebiyatı oldukça zengindir. Bu zenginliğin önemli bir sebebinin, günümüz insanının birlikte yaşamaya dair ciddi sorunlar yaşadığı gerçeği olduğu söylenebilir. Bu sorunlar içinde belki de en önemlisi, birlikte yaşama kültürünün günümüzde daha iyi gerçeklik bulduğu düşünülen Batı toplumlarında, egemen kültüre göre daha farklı olan kültür, inanç ve dinlerin mensuplarının ötekileştirilmeler, marjinalleştirilmeler ve ayrıştırılmalarla karşı karşıya kalmalarıdır.

Bugün modern dünyada barış içinde birlikte yaşama ne kadar çok vurgu yapılırsa yapılsın, maalesef tam tersine ötekileştirme ciddi boyutlarda gerçeklik bulmaktadır. Ötekileştirmeyle kenara itilen veya kenarda hisseden birey ve grupların gettolaşmaları, marjinalleşmeleri kaçınılmaz olmaktadır. Marjinallik ve marjinalleşme konusu hakkında biraz yoğunlaşarak ötekileştirmenin, ayırmanın, ayrımcılığın daha iyi anlaşılmasına katkı sunmak mümkündür.

Marjinallik veya marjinalite, pek çok düz ve yan anlamları bulunan ve sosyal bilimciler arasında da farklı kullanımları olan bir kavramsallaştırmadır. Marjinallik, modern toplumlarda dinamik bir kavram olarak kendini göstermektedir. Bundan dolayı denilebilir ki marjinal kavramının kendisi, marjinal birey ve grup gibi marjinal değildir. Marjinallikle toplumsal dışlama, ötekileştirilme ve dışlanma arasında yakın anlam ilişkisi bulunmaktadır. Toplumsal dışlanma, ister toplumsal haklarla, insanların bu hakları kullanmalarına set çeken engeller veya süreçlerle ilişkili olarak tanımlayan kullanım biçiminde olsun, ister Durkheimci bir referans çerçevesini açığa vuran yazarların kullandığı biçimiyle toplumun genelinden sosyal veya normatif bakımdan tecrit edilme durumu olarak anlaşılsın, isterse çok kültürlü toplumlarda görülen aşırı marjinalleşme durumları için kullanıldığı biçimiyle olsun her halükârda bir şekilde marjinallikle hemen hemen aynı şeye göndermede bulunmaktadırlar. Bazen de marjinallikle sosyal dışlanmadan biri diğerinin nedeni veya sonucu olabilir.

Marjinallik, sözlük anlamı itibariyle kenarda olmaklığı, sosyolojik anlamda ise toplumda bir grubun, önemli bilgisel, ekonomik, dinsel veya siyasal güç konum ve sembollerine ulaşmasının engellenmesi durumunu ifade etmektedir. Marjinalizasyon (marjinalleşme) ise toplumda bir grubun, önemli bilgisel, ekonomik, dinsel veya siyasal güç konum ve sembollerine ulaşmasının engellenmesi süreci anlamına gelmektedir. O hâlde marjinalleşmiş veya marjinal kişi ve gruplar, toplumda önemli bilgisel ekonomik, dinsel veya siyasal güç konum ve sembollerine ulaşması engellenen insanlardır. Marjinal insanlar, genel bilgi ve güç/iktidar alanları içinde eşitsiz ve dezavantajlı bir pozisyon işgal ederler. Onlar, normatif eşitlik iddialarına ve aidiyet duygularına rağmen, sosyal hayata tam katılımdan dışlanırlar. Klasik literatür, belirsiz aidiyet durumuyla başlıyor. Fakat daha sonra oldukça spesifik durumlara veya tarihsel tiplere dayalı genel marjinallik modelleri gelişiyor. Örneğin Simmel gibi bazı sosyal bilimciler, marjinallikte yabancı bir toplumda oturmayı, herhangi bir akrabalık, sadakat veya iş bağı vasıtasıyla, çevresindeki toplumun üyelerine temelde bağlı olmayan hareketli insan olmayı esas alırken, bazı sosyal bilimciler, iki toplumun marjında yaşayan grupları marjinal gruplar olarak ele almaktadırlar.

Marjinallikte toplumun sosyal davranış kalıplarının dışına tamamen çıkmak gibi bir durum yoktur. Marjinal grup, sosyal davranış kalıplarının ne tam dışında, ne de tam içinde bulunan ve de toplumla tam olarak bütünleşememiş topluluklardır. Denilebilir ki marjinal grup, sosyo-kültürel sistemin kabul edilmiş sınırlarının marjininde, yani periferisindedir.

Marjinalliğin modern anlamıyla ortaya çıkmasında kentin rolü büyüktür. Modern kent hayatı, göçlerle, yoksulluk ve yoksunluklarıyla, sosyal eşitsizlikleriyle marjinalite ve marjinal gruplar üretmektedir.

Genel olarak bakıldığında da, marjinalliğin toplumsal eşitsizlikle (Bkz. Peace, Temmuz 2001) içiçe geçen bir ilişkisi söz konusudur. Yerine göre marjinallik, toplumsal eşitsizlikten doğarken, toplumsal eşitsizlik de marjinallikten doğabilir. Ayrıca marjinalite, etiketleme, damgalama, sapma, önyargı, azınlık, sosyal adalet ve adaletsizlik, istismar, diskriminasyon gibi olgu, süreç ve kavramsallaştırmalarla da ilintilidir.

Görüldüğü gibi marjinallik, ötekileştirmeyle doğrudan doğruya bağlantılı bir olgudur. Marjinalleşen insan büyük ölçüde ötekileştirilen insandır. Toplum içinde ötekileştirilip marjinal bırakılanlar, doğal olarak ayrımcılıkla karşı karşıya gelirler. Ayrımcılık, ayrım yapma, ötekileştirmenin ayrılmaz bir parçasıdır. Günümüz toplumlarında yaşanan ve gözlemlenen ötekileştirmelere bakılırsa, onların, dışlama, marjinalleştirme, yalnızlaştırma, ayırma gibi her biri kendi içinde bazı hak mahrumiyetlerini, hak ihlallerini, eşitsizlikleri vd. içinde barındıran bir dizi olumsuzluklar ürettiği anlaşılabilir.

Ötekileştirme Etkenleri

Çağdaş dünyada ötekileştirmede rol oynayan etkenlere yakından bakılırsa, onların özellikle Batı toplumlarında etnosantrizmlerin artışı ve yabancı karşıtlıklarının derinleşmesi gibi durumlarla ilişkili oldukları anlaşılır. Bu durumlarla bağlantılı olarak bencillik, korku (fobi), nefret ve milliyetçilik başlıca ötekileştirme etkenidir. Burada örnek olması bakımından Batı toplumlarında son zamanlarda daha fazla gündeme gelen İslam korkusu (İslamofobi) üzerinde durulabilir. İslamofobi konusunu ele almak, ötekileştirmenin daha iyi anlaşılmasına katkı sunacaktır.

İslamofobi ve Müslümanları Ötekileştirme

Batı'da Müslümanlara karşı ötekileştirmeyi besleyen en önemli etkenlerden biri, İslamofobidir. Tarihsel olarak çok gerilere, Endülüs'ün İslamlaşması ve Haçlı Seferlerine kadar götürülüp temellendirilebilecek olan İslamofobi, postmodern zamanlarda İslam'a ve Müslümanlara karşı geliştirilen korku, nefret, ayrımcılık ve karşıtlığın adıdır. Batı toplumlarında önce ABD'nin 11 Eylül'ü, sonra Fransa'nın 7 Ocak'ı (Charlie Hebdo saldırısı), gittikçe İslamofobi'yi derinleştiren tsunamilerdir. Batı'nın icat ettiği, kimi İslami organizasyon veya hareketlerin kimi tutum ve eylemleriyle belki beslediği, ama Batı'nın geliştirip organize ettiği İslamofobi, Müslüman olmayan Batılılar arasında önce İslam korkusunu yaydı, sonra bu korkuyu nefrete dönüştürdü ve ardından da bu nefreti düşmanlığa ve saldırganlığa varan boyutlara ulaştırdı. O kadar ki İslamofobi, medyasıyla, film sektörüyle, söylemleriyle, Huntington'ın medeniyetler çatışması tezinde ve Bernard Lewis'in Müslümanları terörle bitişik gösterme çabalarını içeren çalışmalarında olduğu gibi akademik çalışmalarıyla, Afganistan ve Irak'a askerî müdahalelerle, Batı ülkelerinde kimi camilere yapılan saldırılarla ve nihayet Ekim 2014'te Almanya'da kurulan Pegida (Patriotische Europäer gegen die Islamisierung des Abendlandes: Patriotic Europeans Against the Islamization of the West: Batı'nın İslamlaşmasına Karşı Vatansever Avrupalılar) hareketiyle İslam karşıtlığı biçiminde kurumsallaşma yoluna girdi.

Batılılar, İslamofobi ile Müslümanları ötekileştirmeyi meşrulaştırmanın yolunu açmış olmaktadırlar. İslamofobi, Batı'nın İslam nefreti ve düşmanlığının bir tür savunma mekanizmasıdır. Sosyolojik düzlemde Müslümanlar, tarihte ve günümüzde gayrimüslimlerle aynı ortamlarda barış içinde yaşarken, bu yaşama dair çok güzel örnekler ortaya koymuş olmasına rağmen, Batı'da çeşitli düşünce sahipleri, entelektüeller, akademisyenler, siyasal aktörler, küresel güçler, İslamofobi üreterek Müslümanları ve Müslümanlığı çoğulcu bir anlayışla toplumsal hayatı paylaşmaya layık görmediklerini göstermiş bulunmaktadırlar. Bir yandan postmodern çoğulcu kültürün yaygınlaşmasını, farklı inanç, farklı hayat tarzı ve farklı kültürlere mensup toplumsal aktörlerin birarada yaşamasının yollarını geliştirmeyi savunurken, öte yandan İslam'a karşı bir korku, nefret, ayrımcılık, düşmanlık ve saldırganlık duygusu ve pratiği üretmesi, bugün Batı'nın en büyük tutarsızlıklarından, en derin çelişkilerinden biri olarak görülebilir.

Aslında İslam, farklı dinler, inançlar ve kültürlerin onlar arasında belli mesafeleri de belki koruyarak bir arada varlık bulmasına her zaman imkân vermiştir. Müslümanlar arasında Müslüman olmayanların ve özelde Batılıların İslam'dan korkmasını besleyecek genel bir İslami söylem ve pratiğin olduğunu iddia etmek güçtür. Müslümanlardan gelen çok kısmî, çok lokal bazı olaylar olmuş olabilir; ancak bu tür olaylarla İslamofobi'yi izah etmek ve temellendirmek mümkün değildir. Ona kalırsa Batı'da özellikle Yahudilerin ve Hıristiyanların Müslümanlara karşı ayrımcı tutum ve davranışlarının çok da yeni olmadığı ve basitçe geçiştirilecek bir şey de olmadığı bilinmektedir. Hatta Batı'daki din savaşlarına bakılırsa, Hıristiyanların kendi içlerinde farklı mezhep ve inanç mensuplarının birbirlerine karşı bir korku kültürü üretmelerinden bahsedilebilir. Anlaşılmaktadır ki, İslamofobi'nin Müslümanların tutum ve davranışlarıyla meşrulaştırılması mümkün değildir, bu durum bilimsel de olmaz. Çünkü konu, böyle bir temelden yoksundur.

O hâlde Müslümanların korkutucu söylem, tutum ve eylemlerinin İslamofobi'yi ürettiğini söylemek doğru değildir, olsa olsa gerçeği çarpıtmaktır. Uzun yıllardır, İsrail'de Müslümanlara yapılan planlı ve programlı korkutucu zulümler neden Batı'nın İslamofobi kültürünü yaygınlaştıran ortamlarında ciddi bir biçimde konuşulmaz ve düşünülmez? Neden bugün Filistin'de, Gazze'de Müslümanlara karşı aynı şekilde devam eden takipler, gözaltılar, tutuklamalar, katletmeler, katliamlarla Ortadoğu'nun, Afrika'nın birçok bölgesinde büyük ve güçlü ordular ve askerî güçlerle yapılan yıkımlar, katliamlar, İslamofobi kapsamında hiç konuşulmaz, tartışılmaz?

İslamofobi: İslam'a Karşı Korku Endüstrisi

Aslına bakılırsa ortada İslamofobiyle İslam'dan ve Müslümanlardan korku yaratma üzerinden işleyen bir endüstri var; Müslümanlar bu endüstriyle bu korkuya acımasız bir şekilde maruz kalmaktadırlar. Müslümanların sert oldukları, terör yaptıkları iddia ediliyor, bunlardan şikayet edilmekte; ancak Batı aslında sert, katı ve kaba Müslümanlık üretmek için de elinden geleni yapmaktadır. Camilere saldırılar, Müslümanlara sert muameleler, kimi zaman saldırganca tutumlar, Pegida'nın yıkıcı söylem ve yaklaşımı, bazı kitaplarda, dergilerde, medyada, televizyon ve sinema filmlerinde ortaya konulan İslam imajı, başka nasıl izah edilebilir?

Gerçekte İslamofobi hem Müslümanlar, hem de Batılılar için bir kötülük problemi, bir teodise konusudur. Toplumsal bir afettir. Batılılar bunu üretmek için ellerinden geleni yaptılar ve yapmaya da devam etmektedirler; fakat bu artık onların hesap ettiklerini çoktan aştı, hayatlarının kabusu oldu. Müslümanlara yaşatılanlara bakıldığında, Müslümanlar için de büyük bir fitne, imtihan ve şer kaynağı.

Müslümanların, bu kötülük problemini Batılıların nasıl aşacaklarından çok kendilerinin nasıl aşacakları üzerine düşünmeleri, strateji geliştirmeleri şarttır. Hz. Muhammed'e ve Müslümanların kutsallarına ve değerlerine hakareti hiçbir güç, anlayış ve siyaset savunamaz. Müslümanlar elbette teröre bulaşmadan, hukuksuzluklara başvurmadan değerlerine sahip çıkmak zorundalar; ancak İslamofobi illeti ve kötülüğüyle de mücadele etmelidirler. Denilebilir ki, Müslümanların bugün en acil işlerinden biri, küresel ölçekte İslamofobi afetiyle nasıl baş edecekleri konusunda kafa yormalarıdır.

Sonuç

Çağdaş dünyada birlikte yaşama kültürüne dair geçmişle mukayese edilemeyecek derecede büyük bir teorik birikim olduğu yadsınamaz. Fakat bu teorik birikimin uygulamaya yansımada özellikle güçlü ülkelerde ciddi inandırıcılık sorunları olduğu da inkâr edilemez. Bu bağlamda günümüz toplumlarının en önemli problemlerinden birinin bir arada yaşama kültüründe kendini gösteren zafiyetler olduğu söylenebilir. Bu zafiyetlerin de başında bir arada yaşamaya aykırı bir şekilde varlık gösteren ötekileştirme gelir. Müslümanların durumuna da ister İslam ülkelerinde isterse diğer ülkelerde, bilhassa da Batı ülkelerinde birlikte yaşama ve ötekileştirme olgusu çerçevesinde bakıldığında, önemli problemlerin olduğu görülebilir. Bu problemlerin bir kısmı, özellikle cemaatleşmeler ve cemaatlerin cemaatçiliklere dönüşmesi noktasında Müslümanların kendilerinden kaynaklanırken, bir kısmı da özellikle Batı toplumlarında Müslüman olmayan aktörlerin ve güçlü küresel figürlerin izledikleri strateji, plan ve etkinliklerden kaynaklanmaktadır.

Belirtmek gerekir ki İslam, gerek Kur'ân-ı Kerim'de (bkz. Hucurat 49/13) Müslümanların son Peygamberi Hz. Muhammed'in (s.a.s.) kurduğu Medine toplum düzeni pratiğinde (Medine sözleşmesi ve uygulama) ve gerekse onun dışında İslam tarihindeki örneklerinde olduğu gibi bir arada yaşama kültürü konusunda oldukça açık ve zengin emir, delil ve birikimlere sahiptir. Müslümanların günümüzün tecrübelerinden de yararlanarak bu emir, delil ve birikimlere daha dikkatle bakmaları halinde kendilerinden kaynaklanan sorunlara doğrudan, kendileri dışından kaynaklanan problemlere de dolaylı olarak çözümler üretmeye çalışmaları zorunluluk olarak gözükmektedir.

İçinde yaşadığımız dönemde bilhassa Avrupa'da dışlayıcı bir dil ve nefret söylemi, ötekileştirici ve parçalayıcı bir siyaset ile mahkûm ve mağdur edilen Müslümanlar, birlikte yaşayabilmenin sosyolojisini, hukukunu, ahlakını ve pratiğini üretebilecek bir referans gücüyle tarihsel tecrübe birikimine sahiptir. Müslümanlar, sahip oldukları bu donanımı devreye sokup küreselleşme ile hızlı iletişim ve bilgileşme çağında her türlü olumsuzluğa, saldırıya, oyuna, şiddete vd. rağmen Kur'an'ı esas alıp Hz. Muhammed'in (s.a.s.) örnekliğinde hareket etmelidir. Gerçekte farklı kültür, inanç, düşünce, din vs. mensuplarıyla birlikte yaşama pratiğini en iyi şekilde ortaya koyma iradesini gösterecek donanıma veya potansiyele sahip olan Müslümanlar, İslam medeniyetinin gereği olarak tarihsel ve güncel birikimlerden de yararlanarak birlikte yaşama kültürünü inşa ve idame etmek için elinden geleni yapmalıdır.

Kaynaklar

Kur'ân-ı Kerim.

Alfred, Mary V., "Reconceptualizing Marginality from the Margins: Perspectives of African American Tenured Female Faculty at a White Research University. *The Western Journal of Black Studies*, Sayı: 25/1, Bahar 2001.

Brodwin, Paul, "Marginality and Subjektivity in the Haitian Diaspora", *Anthropological Quarterly*, Sayı: 76/3, Yaz 2003, s. 383-410.

Cullen, Bradley T. ve Pretes Michael, "The Meaning of Marginality: Interpretations and Perceptions in Social Science", *The Social Science Journal*, Sayı: 37/2, Nisan 2000, s. 215-229.

Görmez, Mehmet, "İslâm Medeniyetinde Birlikte Yaşama Tecrübesi", www.mehmetgormez.com/dosyalar/1_37040079_3662597.doc,21.02.2015

Marshall, Gordon, *Sosyoloji Sözlüğü*, Çev.: O. Akınhay ve D. Kömürcü, Bilim ve Sanat Yayınları, Ankara 1999.

Okumuş, Ejder, *Dinin Toplumsal İnşası*, Akça Yay. Ankara 2015.

Okumuş, Ejder, "İslamfobi: Bir Kötülük Problemi", *Yeni Şafak*, 13 Şubat 2015.

Okumuş, Ejder, "Türkiye'de Marjinal Bir Grup Olarak Abdallar", *Sosyal Bilimler Araştırma Dergisi*, Eylül 2005, Sayı: 3/6, s. 489-512.

Peace, Robin, "Social Exclusion: A Concept in Need of Definition", *Social Policy Journal of New Zealand*, Sayı: 16, Temmuz 2001, s. 17-35.

Bir kez gönül yıktın ise o kıldığın namaz değil,
Yetmiş iki millet dahi elin yüzün yumaz değil.
                                        Yunus Emre

Osmanlı İmparatorluğunda Birlikte Yaşama Kültürü Üzerine Bir Vakıa Çalışması: 19. yy'da Bağdat Eyaleti

Dr. Nurcan ÖZKAPLAN YURDAKUL

Giriş

Osmanlı İmparatorluğu'nda birlikte yaşama kültürünün varlığına, hem imparatorluğun çok uluslu, çok dinli ve çok kültürlü olarak ömrünü tamamlaması hem de uzun ömürlü oluşu başlı başına birer delildir. Birlikte yaşama kültürünün oluşmasında imparatorluğun kurucu unsuru olan Türklerin devlet kurma ve farklı unsurları yönetme tecrübesinin yanında, imparatorluğun temel değerler sistemini oluşturan İslami değerlerin temel role sahip olması, en önemli etken olarak görülür. Müslümanların Hicret'ten başlamak üzere, başka inançlara mensup kurum ve kişilerle kurduğu ilişki biçimi[1], birlikte yaşama kültürüne sahip olma geleneğini de birlikte getirmiştir. Bu değerlerin Osmanlı sisteminin merkezine oturtulmuş olmasında, özellikle kuruluş döneminde, tarikatların önemli roller üstlenmesinin etkili olduğu görülür.

Edebiyatımızda yapacağımız hızlı bir gezi, ötekileştirme ve *dışlama* kültürünün nasıl evrildiğine ilişkin çarpıcı veri-

---

1 *Medine Vesikası* ya da *Birlikte Yaşama Anayasası* için Bkz. Ahmet Davutoğlu, "Devlet", *DİA,* C. 9, s. 237; R. B. Serjeant, The Sunnah Jami'ah, pacts with the Yathrib Jews, and the Tahrim of Yathrib: Analysis and translation of the documents comprised in the so-called "Constitution of Medina." *Bulletin of the School of Oriental and African Studies"*, University of London, Vol. 41, No. 1. 1978, s.4.

ler sağlar. Yunus Emre'nin *Bir kez gönül yıktın ise o kıldığın namaz değil, yetmiş iki millet dahi elin yüzün yumaz değil* [2] dörtlüğü, hem bir öz eleştiri kültürünü hem de Müslüman olmakta esas olanın, dinin direği namaz kadar diğerine sevgi ve saygının olduğuna duyulan inancı da temsil etmektedir. F. Aliye'nin Muhâdarât romanında, İstanbul dışından gelen Fâzıla'nın üvey annesi Calibe'nin güzelliği tarif edilirken, şiveli Türkçesinin temel güzellik unsuru olduğu görülür.[3] Uşaklıgil'in Aşk-ı Memnu'sunda Beşir'in siyahî, Habeşî ve ailenin hizmetlilerinden olmasına rağmen ailenin normal bir üyesi olarak nazının çekilmesi ve kanaatlerinin herhangi bir üye gibi dikkate alınması dikkat çekicidir. Bu durum Bilal-i Habeşî'in ilk Müslümanlardan olma şerefine nail olduğundan beri İslami kültürel değerlerin, ırkından ve renginden dolayı insanları dışlamayışını çağrıştırmaktadır.[4] Hüseyin Rahmi Gürpınar'ın romanlarında, bir konağın hizmetlileri ile hanımlarının aynı tandırın başında oturup ısınmaları, hizmetli kızların evin *küçük beyleri* ile evliliklerinin mümkün olduğu gözlemlenir, üstelik *zengin oğlan-fakir kız* zelzele veya kıvançları olmadan. Günümüzde bir *ahir zaman dervişinin* "*kişi, masumların canını alan her hain kurşundan kendine bir yara almadıkça insan olamaz.*" önermesinde birlikte iyi olabilmenin, insanım diyen herkesin mesuliyeti olarak kaydedilmesi ise "ötekileştirme ve dışlamanın" nasıl dışlandığına dair kadim bakışın günümüze kadar uzanmış bir örneğidir.[5] Hülasa bu örnekler, Reşat Nuri romanlarında net bir ötekileştirme sıfatı olarak kullanılan "*dışarlıklı*" kavramının

---

2   Abdülbaki Gölpınarlı, *Yunus Emre Hayatı ve Bütün Şiirleri*, İş Bankası Yayınları, Hasan Ali Yücel Klasikleri Dizisi, İstanbul, 2006, s. 391.

3   Cevdet Paşazade Fatma Aliye, *Muhâdarât*, İstanbul, 1309.

4   Geçtiğimiz yıllarda bir televizyon dizisine kaynaklık eden Aşk-ı Memnû'da Beşir rolünü oynayacak siyahî bir aktörün bulunamaması, Cumhuriyet devrindeki etnik farklılıklara olan yaklaşımı temsil etmesi açısından dikkat çekicidir.

5   Gökhan Özcan, "Kaba Bir Uygarlığın Cansız Bedeni", *Yeni Şafak* Gazetesi, 5 Şubat 2015.

20. yy. başlarına kadar dolaşıma sokulmadığını göstermektedir. Bu tarihten itibaren yaygınlaşmaya başlayacak ötekileştirme *ve dışlama* kampanyası ise sadece gayrimüslim unsurları değil Müslüman ve İstanbul'dan olmayan geniş halk kitlelerini de hedef alacaktır.[6]

Osmanlıda ötekileştirme ve *dışlama* kültürünün nasıl evrildiğinin anlaşılmasında tarih de edebiyat kadar önemli bilgiler sağlamaktadır. 19. yüzyılın başlangıcından itibaren Osmanlıda birlikte yaşamaya yönelik güçlüklerin ortaya çıkması ile yabancı müdahaleler arasındaki paralellikler, devletin gücünün azalması, paylaşılan pastanın küçülmesi[7] ve dolayısıyla paydaşların karşı karşıya gelmeleri ile açıklanır. Bu makalede, "bu güçlükler mi yabancı müdahaleyi hızlandırmış yoksa yabancı müdahale mi birlikte yaşama kültürünü olumsuz etkilemiştir" sorusuna, Bağdat Eyaleti örneğinde ve 1798-1856 tarihi kesitinde cevap aranmaktadır. Bu çerçevede, önce Osmanlı toplumunda birlikte yaşama kültürünün hukuki ve tarihsel arka planına bakılacak,

---

6 Nurcan Yurdakul, "Çalıkuşu ve Yaban: Aydın Diktatörlüğü", *Lacivert dergi*, İstanbul, 6 Ağustos 2014.

7 Araştırmalar, azınlıklara yönelik asimilasyon ve dışlama gibi faaliyetlerle iktisadi daralma ve yoksulluk arasında doğrusal bir ilişki olduğunu göstermektedir. Bu konuda Bkz. James A Piazza," Poverty, Minority, Economic Discrimination, and Domestic Terrorism", *Journal of Peace Research* ,Vol. 48, No. 3, Special Issue: New Frontiers of Terrorism Research, Mayıs, 2011, s. 339-353; Stephanie Seguino, "The Global Economic Crisis, its Gender and Ethnic Implications, and Policy Responses", *Gender and Development* ,Vol. 18, No. 2, s. 179-199. Osmanlı İmparatorluğu, ticaret yollarının değişimi, savaş harcamalarının ve alt yapı yatırımlarının artması gibi nedenler ile 18. ve 19. yüzyıllarda yoksullaşma ile karşı karşıya gelmiştir. Örneğin, 1869'da Süveyş Kanalı'nın açılmasını takiben Trabzon-Tebriz ticaret yolunun öneminin azalması, Karadeniz'in doğusunda ciddi ticari kayıpların yaşanmasına ve yoksullaşmaya sebep olmuştur. Çok uluslu ve çok dinli olan bu bölgede 1870'lerden itibaren yaşanan isyanlar ile iktisadî durum arasındaki ilişki, çalışılması gereken bir konu olarak karşımıza çıkmaktadır. Trabzon-Tebriz ticaret yolu hakkında Bkz. Charles, Issawi, "The Tebriz-Trabzon Trade Route, 1830-1900: Raise and Decline of a Route", *International Journal of Middle East Studies*, Vol. 1, No. 1 (Jan., 1970), s. 18-27.

ardından da bu kültürün 19. yüzyıl Bağdat Eyaleti'nde hasara uğraması, uluslararası siyasi gelişmelerle birlikte değerlendirilecektir.

Osmanlı Toplumunda Birlikte Yaşama Kültürüne Kısa Bir Bakış

Modern zamanların, farklı etnik, dinî ve mezhep ve bölgesel unsurların birlikte yaşaması kültürüne mani olarak görülen *dışlama ve ötekileştirme* gibi olgularının, kadim Osmanlı toplumunda ulus devletlere nazaran seyrek görüldüğü söylenebilir.[8] Osmanlıda farklı unsurların birlikte yaşamasını mümkün kılan sistem ve bu sistemin kavramları, günümüz dünyasının kavram ve önceliklerinden farklıdır. İmparatorluğun değerleri *adaleti, rıza ve ihtiyar olmayı*[9] modern dünya ise *hürriyet*i öncelemektedir.[10] İmparatorluğun hemen her bölgesinden ve çok çeşitli etnik unsurlarından gelen devlet adamları, ulema sınıfı mensupları, tarikat şeyhleri ve edebiyatçılar gibi toplumda önemli bir yere sahip olan kimselerin *Buharî, Pargalı, Kayserili, Erzurumlu, Merzifonlu, Nevşehirli, Lofçalı, Bayburtlu, Halebî* gibi sıfatlarını tüm Osmanlı topraklarında kullanabilmiş olmaları, bölgesel ve etnik ötekileştir*men*in önemsiz olduğunu göstermektedir. Bu kimselerin bu sıfatları taşımaktan ne iftihar

---

8   Bir siyasi yapı içinde genellikle de ulus devlet bünyesinde hâkim unsurun kimliği, din, dil ve kültürel değerleri esas olarak kabul edilir ve azınlıklar ise hâkim unsura benzemeye ya zorlanır ya da teşvik edilir. Farklı dinî ve kültürel unsurların hâkim unsura benzemeden varlığını sürdürmesi o yapı içinde dışlamanın görece olarak az olduğunu gösterebilir. Bu konuda bkz. Thomas H. Eriksen, "Linguistic Hegemony and Minority Resistance", *Journal of Peace Research*, Vol. 29, No. 3, Agustos 1992, s. 313-332; Jonathan Fox," Religious Causes of Discrimination against Ethno-Religious Minorities", *International Studies Quarterly*, Vol. 44, No.3, Eylül 2000, s. 423-450.

9   Abdüsselam Arı, "Rıza" *TDVİA* 2008, C. 35, s. 57-59.

10 Berdal Aral, "The Idea of Human Rights as Perceived in the Ottoman Empire", *Human Rights Quarterly*, Vol. 26, No. 2 (May, 2004), 454-482., s. 454

ettikleri ne de yüksündükleri, sadece otantik köklerine işaret ettikleri neredeyse kesindir.

Bu kültürün nasıl oluştuğu hakkında, İslamiyet'in Arap Yarımadası dışına taşınmasındaki seyrine yönelik iktisat tarihçisi Heyd'in görüşleri dikkat çekicidir. Müslümanların savaş sırasında dahi ekilmiş toprakları ve toprağa bağlı olan halkı gözetmeleri, fethettikleri ülkelerde **egemenlik haklarını sıkılganlıkla örgütlemeleri**, gittikleri yerdeki yerel kültürü ve hukuku örfî hukuk olarak tanımaları sadece fetih sürecini ve İslamiyet'in kabul edilme sürecini hızlandırmaz, aynı zamanda ticari hayatı ve ekonomik gelişmeyi de teşvik eder.[11] Dünyanın değişik yerlerinden gelen insanların kaynaşmasını temin eden haccın, iktisadi kalkınmayı hızlandırdığını iddia eden Heyd, bu kalkınmayı da üretime yani el emeği ihtiva eden metalara değer verilmesi ve Kur'ân-ı Kerim'e göre Cenab-ı Hakk'ın bundan hoşnut olması ile ilişkilendirir.[12]

Goodwin, belli Arap kabilelerinin hâkimiyetinde olan Şam'dan farklı olarak Hilafet'in merkezi olan Bağdat'ın, Araplardan başka Türkmen, Hint, Acem ve başka unsurları da içermesinin İslam'ın evrenselleşmesindeki rolü üzerinde durur. Ona göre Bağdat merkezli olarak kurulan Abbasi Devleti'nin (750-1258) dili Arapça olmuşsa da, çok kültürlü karakterinde *Arap kanı gittikçe seyrelmiş*tir.[13] İslam hukukundan bir sapma olarak değerlendirilen ve Emevî Devleti'nin yaygın olarak istismar ettiği *mevâlî* [14] uygulamasına karşı çıkan Abbasiler, **eşitlik ilkesine önem vermişlerdir**. Abbasi Devleti, 1258 yılındaki Moğol istilasını takiben dağılmaya başlamış, bilim, sanat, ke-

---

11 William Heyd, Çev. Enver Ziya Karal, *Yakındoğu Ticaret Tarihi*, Türk Tarih Kurumu Basımevi, 1975, Ankara, s. 30-39.
12 Heyd, *a.g.e.*, s. 45-47.
13 Jason Goodwin, "The Glory That was Baghdad", *The Wilson Quarterly* (1976-), Vol. 27, No. 2, Bahar Dönemi, 2003, s. 25.
14 İsmail Yiğit, "Mevâlî" *TDVİA*, 2004, C. 29, s. 424-426. *Mevâlî* Arap olmayan Müslüman halklar için kullanılan bir terimdir.

lam, idare ve mimari gibi alanlardaki birikimi Çin'den İspanya'ya kadar dünyaya dağılmış, *askerî dehası ise İslamiyet'i Doğu Avrupa'nın derinlerine kadar taşıyacak Türklere aktarılmıştır.*[15]

Birlikte yaşama kültürünün inşasında tarikatların, Selçuklu devrinde ve Osmanlı Beyliği'nin devlet olarak teşekkülünde kurucu unsurlardan olmasının büyük payı olduğu görülür. Tarikatların bu etkisinin, Peygamber ve Ehl-i Beyt sevgisi sayesinde, Şiî ve Sünnî karşıtlığını önemsizleştirdiği iddia edilir. Şihabeddin Sühreverdî (ö. 1234), Evhadeddin Kirmanî (ö. 1237), İbn Arabî (ö. 1240), Şems-i Tebrizî (ö. 1247), Ahi Evran (ö. 1261), Mevlâna Celâleddin Rûmî (ö. 1273), Sadreddin Konevî (ö. 1273), Yunus Emre (ö.1342) gibi düşünürler, yalnızca halkın değil devlet adamlarının üzerinde de tesirli olmuşlar ve gayrimüslimlere yönelik devlet davranışını şekillendirmişlerdir.[16] Bir dizinde bir ceylanı diğerinde bir aslanı sulh içinde tutabilmekle tasvir edilen Horasan Erenleri'nden Hacı Bektaş-ı Velî'nin, Anadolu'nun İslamlaşmasındaki rolüne Evliya Çelebi işaret etmektedir.[17] Barkan, bu süreci, *"Osmanlı İmparatorluğu teessüs etmeğe başladığı zaman, bu kadar geniş hudutlar içinde kaynaşmakta olan bir âlemin dört bucağında tekevvün eden dini ve sosyal cereyanları, bilgi ve tecrübeye sahip insanları ve manevi kuvvetleri kendi arkasında buldu."* cümlesiyle özetler.[18]

---

15 Goodwin, *a.g.m.*, s. 29.
16 Aşıkpaşazâde, *Tevarih-i Âl-i Osman*, İstanbul, 1332, s. 386.
17 "Türk-i Türkân Hoca Ahmed-i Yesevî'nin halifelerinden Şeyh Lokmân ki Horasan erenlerindendir. Vâlid-i büzürgvârı Hacı Bektaş'ı Şeyh Lokmân'a tilâmizliğe verüp Hacı Bektaş anlardan ulûm-ı zâhire ve bâtınayı tahsîl eyledi." "...devletleri müebbed ola deyü yetmiş aded kibâr-ı evliyaullah Horasan'da Yesu şehrinde Türk-i Türkân Hoca Ahmed Yesevi Hazretleri huzurunda hayr dua ve senâlar edüp yedi yüz fukarasıyla Hacı Bektaş-ı Velî'yi Devlet-i Âl-i Osman'a mûin-ü zâhir ola deyü gönderüp..." Evliya Çelebi *Seyahatnâmesi*, Yapı-Kredi Yayınları, İstanbul, 1. Kitap, s. 26, 34; 2. Kitap, s. 25.
18 **Ömer Lütfi Barkan**, "Balkanlar'da Osmanlı Hâkimiyeti ve İskân Siyaseti Osmanlı İmparatorluğu'nda Kolonizatör **Türk Dervişleri**" *Türkler*, XII, *Osmanlı*, Yeni Türkiye Yayınları, Ankara, 2002, s. 247.

Barkan'a göre Köprülü, imparatorluğun muhtelif unsurlardan oluşmasını, her büyük imparatorluk için sarayın bir müddet sonra atsızlar ve soysuzlardan mürekkep bir Kapukulu sınıfı yaratması ile açıklar. Bu durum Abbasi ve Bizans Devletlerinde olduğu gibi Osmanlıda da kozmopolitleşmeyi beraberinde getirmiştir. Kozmopolitleşme ise geniş kitlelerin merkeze yönelik rıza ve beklentilerini artırdığı gibi devletin meşruiyetini de derinleştirmiştir. Guy Burak, Abbasi ve Osmanlı hukuk sistemlerindeki benzerliğe işaret ederek Osmanlıların da Abbasiler gibi Hanefi Mezhebini takip ederek, hukukun üstünlüğü ve yargıçların bağımsızlığı ilkesini tatbik ettiğini iddia eder.[19] Dil konusunda da, Abbasi Devleti'nin sözü edilen birikiminin Osmanlı tarafından devralındığı ve sürdürüldüğü görülür. Kamus-i Türkî'nin dayandığı eserlerden birisinin, Abbasiler devrinde yazılmış olan *Hulasa-i Abbasi* Lügati'[20] olması, bu tevarüsün ve uzun dönemli etkinin önemli bir göstergesidir.

Fatih'le başlayan klasik dönemde gayrimüslimlerin durumu, İslam hukukunun bir gereği olarak kanunî bir zemine oturtulmuştur.[21] *Bir bölgenin Darü'l İslam'a katılmasından sonra buradaki kitap ehlinin bir ahitname, hukuk ve himaye bahşedici bir ahit ile İslam devletinin idaresi altına girmesinden doğan bir teşkilat* olarak tanımlanan Osmanlı millet sistemi, gayrimüslimlerle birlikte yaşamayı mümkün kılan bir yapıdır.[22] Lewis, Ortadoğu'daki[23] gayrimüslim nüfusu değerlendirirken,

---

19 Guy Burak, "The Second Formation of Islamic Law: The Post-Mongol Context of the Ottoman Adoption of a School of Law", *Comparative Studies in Society and History*, Vol. 55, No. 3 (July 2013), s. 579-602.

20 Şemsettin Sâmi, *Kamus-i Türkî*, İkdam Matbaası, Der saadet, 1317, s. 4.

21 İlber Ortaylı, Osmanlı İmparatorluğu'nda Millet Sistemi, *Türkler*, C. X, Yeni Türkiye Yayınları, Ankara, 2002, s. 392.

22 Ortaylı, *a.g.m.*, s. 395.

23 Amerikan deniz tarihçisi A.T. Mahan'ın 1902'de icat ettiği 'Orta Doğu' ifadesine kadar bölgeyi tanımlamak için kullanılan ifade 'Yakın Doğu' kavramıdır. Bu ifade, Arabistan'la Hindistan arasındaki bölgeyi; Basra Körfezi'ni 'merkez' olarak konumlandıran bir anlayışla geliştirilmiştir. Lewis'e göre İngilizler 'Near/Yakın' sıfatını her şeye rağmen bölgeyi

İslam İmparatorluğu'nun kurulmasıyla bölgede Hristiyan nüfusun yok edilmediğini, bölgeye Haçlılar gelene kadar Müslüman komşuları ile birlikte barış içinde yaşadıklarını belirtir. Ancak Haçlıların çatışma ve şüphe miraslarının bu ilişkiyi bozduğu kaydedilir. Lewis, Batılıların bölgeye tekrar girişlerinde aynı Hristiyan tebaanın, Batının giriş kapısı olduklarını da kaydeder.[24] Basra ve Bağdat'ta İngiliz konsoloslarının, herhangi bir sebeple yerlerinden ayrılma durumunda vekil konsolos olarak yerlerini hemen her zaman Osmanlı tebaası Ermeni tüccarlara bırakmaları, Konsoloshane personelinin aynı insanlardan seçilmesi, Lewis'in iddiasını desteklemektedir.[25]

Batılıların Osmanlı ülkesine girişlerinde Hristiyan tebaanın nasıl rol oynadığıyla ilgili dragomanlık mesleği önemli bir örnek oluşturmaktadır Avrupalı devletler dragoman, acente, perakendeci ve denizci gibi personellerini Osmanlı tebaası olan gayrimüslimlerden seçerler.[26] Dragomanların bir himaye/ protege-sistemi ile *"beratlı"* olarak konumlandırılması, hem Osmanlı tebaası olma vasfını muhafaza etme hem yabancı devletler için çalışma hakkını sağlamıştır. Ancak iki hukuki statüyü aynı anda elinde bulundurma hâli, istismar edilmiştir. 1795'te İngiltere büyükelçisi Robert Liston, bazı dragomanların ellerindeki *patent*i dahi okuyamadıklarını rapor etmiştir[27] Hristiyan unsurların ayrıcalıklı ve Avrupalılar lehine konumlanışı, 1856 Islahat Fermanı ile gelen haklarla da birleşince Osmanlı tebaa-

---

Hristiyan görme ideolojisini temsilen kullanırken 'East/Doğu' sıfatını da bölgenin hâlâ Müslüman ve Osmanlı yönetiminde olması sebebiyle kullanmışlardır. Bernard Lewis, *The Shaping of the Modern Middle East*, Oxford University Press, 1994, s. 3.

24 Lewis, *a.g.e.*, s. 30.
25 Sarah Searight, *The Britihs in the Middle East*, East-West Publications, London, 1979, s. 108-109.
26 Theophilus C. Prousis, *Brisitish Consular Reports From The Ottoman Levant in The of Upheaval, 1815-1830*, The ISIS Press, İstanbul, 2008, s. 17-18.
27 Prousis, *a.g.e.*, s. 20.

sının tepkisi ile karşılaşmış, ancak bu hakların artırılmasından kaynaklı çatışmaların, gayrimüslim unsurların kendi aralarında daha yaygın olduğu görülmüştür.[28]

Birlikte yaşama kültürünün hem geliştirildiği hem de uygulandığı bir serhat eyaleti olan Bağdat, belki de bu özelliği yüzünden de bu kültürün bozulmasında rol oynamış yabancı müdahalelerin hedefi hâline gelmiştir. Bu yabancı müdahaleler, o tarihe kadar birlikte yaşayabilmiş farklı unsurların aralarına husumet sokulması, müreffeh "yeni hayatlar" vaat edilmesi, dönüştürülmesi ve araçsallaştırılmalarıyla gerçekleştirilmiştir.

Osmanlı Bağdat'ında Birlikte Yaşama Kültürü ve Yabancı Müdahaleler

Osmanlı Irak'ında çeşitli etnik ve dinî unsurlar ve bu unsurlar üzerinden bu coğrafyaya nüfuz etmeye çalışan yabancı müdahaleler olmasına rağmen Bağdat Valilerinin, burada siyasi varlıklarını ve görece istikrarı sürdürebilmeleri, millet sisteminden başka siyasi yetkinlikleri, becerileri ve güçlü devlet adamları olmaları ile de ilgilidir.[29] Zira, yabancı müdahaleler ve reformlar, bu sistemin dokusunu hasara uğratmış fakat Bağdat Valileri, merkezin de katkısıyla, istikrarı temin etmek için yeni şartlara değişik ölçülerde uyum sağlayabilmişlerdir.

Lloyd, 1500'lere kadar İran nüfuzu nedeniyle baskı altında olan sünnî ve gayrimüslim unsurların statüsünün normalleşmesini, Osmanlı idaresinin Bağdat'ta tesis edilmesi ile başlatır.[30] Dört sünnî mezhepten biri olan Hanefiliğin kurucusu İmam-ı Âzam Ebû Hanife ile büyük mutasavvıflarından Abdülkadir Geylanî'nin türbelerinin Bağdat'ta bulunması ve ayrıca Hindis-

---

28 Ortaylı, *a.g.m.*, s. 395.

29 Nurcan Yurdakul, *Basra ve Bağdat'ta İngiliz Konsolosları (1798-1856)*, Doktora Tezi, Marmara Üniversitesi, Türkiyat Araştırmaları Enstitüsü, İstanbul, 2014.

30 Seton Lloyd, *The Twin Rivers,* Humpery Milford, Oxford University Press, London, 1943, s. 180–182.

tan Müslümanları ile bağlantı noktası oluşturması, bölgenin Osmanlı Devleti açısından önemini artırmıştır. Safevî Devletinin, Osmanlının Doğu ile-Türkistan ve Hindistan'a temas etmesini önleyecek coğrafi bir blok olarak konumlanışı, bu bloğu aşmak için Osmanlı Devletinin Basra Körfezinde siyasi etkinliğini zorunlu hâle getirmiştir.[31] Hz. Ali'nin mezarı ve *atebât* tabir edilen Şiîlerin kutsal mekânlarının ve Necef, Kerbelâ, Kâzımiye ve Samarrâ gibi şehirlerde Şiî imamların mezarlarının bulunması ise Şiî Müslümanlar açısından Bağdat'ın önemine işaret etmektedir.[32]

Sultan Süleyman'ın Halife-i Rûy-i Zemîn sıfatını taşımaya başlamasıyla[33] tüm dünya Müslümanlarına verdiği kapsayıcı mesaj kadar, 1534'de Bağdat'ı fetheder fethetmez yukarıda zikredilen dinî mekânları ziyaret etmesi ve onarımlarını yaptırmasıyla[34] Bağdat Şiîlerine verdiği mesaj da önemlidir. 1639 Kasr-ı Şirin Anlaşmasından sonra 1732, 1743 ve 1747 tarihlerinde İran'ın Bağdat'a girme çabaları akim kalmış ve İran-Bağdat Eyaleti sınırı 1890 yılına kadar küçük çaplı sınır mücadeleleri haricinde istikrarını korumuştur.[35] 1650'lerde Bağdat'taki Osmanlı idaresi modern Arabistan'ın toprakları olan Necid ve Ahsa'ya kadar uzatılmış,[36] şiî ve sûfi pratiğini sapma olarak

---

31 Cengiz Orhonlu, *Osmanlı İmparatorluğu'nun Güney Siyaseti, Habeş Eyaleti*, Edebiyat Fakültesi Matbaası, İstanbul, 1974, s. 5, Özer Küpeli, "Irak-ı Arap'ta Osmanlı-Safavi Mücadelesi (XVI-XVII. Yüzyıllar)", *History Studies , Ortadoğu Özel Sayısı / Middle East Special Issue* 2010 (227–244) s. 229.

32 Özer Küpeli, "Irak-Arap'ta Osmanlı-Safavi Mücadelesi (XVI-XVII. Yüzyıllar)", *Ortadoğu Özel Sayısı / Middle East Special Issue*, 2010, s. 229-230. Yusuf Halaçoğlu, "Bağdat", *TDVİA*, C. IV., s. 43.

33 Zekeriya Kurşun, "Hicaz", *TDVİA*, C. XVII, s. 437; Carter Findley, *Bureaucratic Reform in The Ottoman Empire, The Sublime Porte: 1789–1922*, Princeton University Press, Princeton N.J. 1980, s. 37.

34 Küpeli, *a.g.m.*, s. 231.

35 Nabil Al-Tikriti, "Ottoman Iraq", *The Journal of The Historical Society*, VII:2, June 2007 (201-214), s.202

36 Al-Tikriti, *a.g.m.*, s. 204.

kabul edip Osmanlı idaresini reddeden Necid kökenli Vahhabilerin 1801'de Kerbelâ ve Necef gibi kutsal bölgelere saldırıları durdurulmuştur. En etkin Bağdat Valilerinden birisi olan Davut Paşa (1817-1831),[37] dinî bilgisinin enginliği sayesinde sünnî ve şiî ulema ile devlet ilişkilerini etkin bir şekilde yönetebilmiş, eyaleti Vahhabi akımından koruyabilmiş ve Vahhabiler'e karşı ulemanın desteğini devletin yanına çekebilmiştir.[38]

Bölgede İngiliz görevli F. Jones, bir mektubunda, Yahudilerin ve Hristiyanların başka yerlerde sahip olmadıkları imtiyazlara burada sahip olduklarını ve gayrimüslim unsurların fazlasıyla *hoş görüldüklerini* kaydetmektedir. Ödemekle yükümlü oldukları yıllık vergilerin haraçtan ibaret olduğunu kaydeden F. Jones, bu verginin gayrimüslimleri, *zavallı Müslümanların* mecbur olduğu askerlik hizmetinden muaf tuttuğunun da altını çizmektedir. Yahudilerin tüm Osmanlı ülkesinde, diğer hiçbir Avrupa ülkesinde sahip olmadıkları toplumsal mevkilerinden bahseden F. Jones, Osmanlı ülkesinde tüm Hristiyan mezheplerinin kendi kilise ve mezarlıklarının bulunduğunu da kaydetmektedir. *Massacre/* kılıçtan geçirme gibi uygulamaların ender olduğunu da belirten F. Jones, bunun Müslümanlar da dahil sadece devlete karşı isyan eden gruplar için uygulandığını tespit etmekte, Hristiyanların burada mutlak bir özgürlüğe sahip olmasalar da huzur içinde yaşadıklarını eklemektedir.[39]

Bağdat'ta birlikte yaşama kültürü, bölgenin uluslararası siyasetin merkezine çekilmesi ve dünya güçlerinin buradaki siyasi hesaplaşmaları nedeniyle bozulmaya başlamıştır. Bu da bölgedeki farklı unsurları himaye etmek suretiyle kendi yanlarına çekme çabasıyla gerçekleşmiştir. Bağdat'ta farklı unsurların

---

37 Mehmet Süreyya, *Sicill-i Osmani*, Tarih Vakfı Yurt Yayınları, İstanbul, 1996, C. II., s. 408.

38 Fattah, *a.g.e.*, s. 44-45, Zekeriya Kurşun, "Davut Paşa", *TDVİA*, C. IX, s. 38-39.

39 J. Gordon, Lorimer, *A Gazetteer of Persian Gulf, Oman and Central Arabia,* Calcutta; Government Press, 1908, s. 1369-1370.

himayesi önce Fransa-İngiltere daha sonra Rusya-İngiltere nüfuz mücadelesinin bir uzantısı olarak ortaya çıkar. İngiltere'nin Doğu'ya yönelmesinin arkasındaki sebepleri, bu ülkenin Kuzey Amerika'daki kolonilerini kaybetmesi ile açıklayan Perry,[40] bu süreçte misyonerliğin rolünü bir nüfuz artırma aracı olarak tanımlar. Katoliklerin Fransız Devrimi nedeniyle güç kaybetmesi, protestanların güçlenmesi ile sonuçlanmıştır. Katoliklerin nüfuz boşluğunu ulusal kiliseler üzerinden dolduran ulus devletler, misyonerlik faaliyetlerini ulusal çıkarları doğrultusunda kullanmışlardır. Protestan misyonerlik faaliyetleri, sömürgeciliğin bir aracı hâline gelmiştir.[41] Misyonerliğin başlangıçta Yahudileri hedeflediği görülmektedir. London Society, İngiltere'nin misyonerlik faaliyetlerini yürüten en önemli kurumdur. Avrupa Yahudilerine yönelik faaliyetlerinden sonra Osmanlı topraklarında yaşayan Yahudiler de topluluğun ilgi alanına girmiştir.[42]

İngiltere'nin Bağdat Konsolosu Jones,[43] 1798'de Bonaparte'nin Mısır'ı işgalini takiben, Bağdat'ı *Fransız unsurlardan temizlemek* üzere bölgeye atanır. Jones'un halefi Rich (1808–1821) ise atandığı tarihten itibaren Bağdat'ın gayrimüslim unsurlarını Bağdat Valisi aleyhine kışkırtmaya başlar.[44] Misyonerlik faaliyetlerini de yönlendiren İngiltere Bağdat Konsolosları, Fransızlardan sonra Rusya ile rekabet etmeye başlarlar. Kural

---

40 Yoran Perry, *British Mission to The Jews in The Ninententh Century Palestine*, Frank Cass Publishers, London, 2003, s. 2.

41 Perry, *a.g.e.*, s. 4.

42 Perry, *a.g.e.*, s. 12. London Society'nin Osmanlı topraklarındaki ilk birimi 1829'da İzmir'de kurulmuştur. Bu şehir, Yahudi nüfus içermesi kadar önemli bir liman olarak da topluluk için önem kazanmıştır. Bağdat'ta 1844'te özel bir birim kurulduğu hâlde, bölgedeki siyasi karışıklıklar, iklim ve benzeri çetin şartlar nedeniyle amaçlanan faaliyetler yürütülememiştir. O sebeple bu faaliyetleri konsoloshane ikame etmiştir.

43 Mr. Harford Jones, Bağdat Konsolosu (Ağustos 1798-Ocak 1806), Lorimer, *a.g.e.*, s.2683, Sir Harford Jones Brydges, Tahran Olağanüstü Elçisi (Haziran 1807-Kasım 1811), Lorimer, *a.g.e.*, s. 2663.

44 C. James Rich, Edited by his Widow, *Narrative of a Residence in Koordistan*, James Duncan, Londra, MDCCCXXXVI/1836, s. s. xviii

bellidir: Daha çok unsuru kendi tarafına çeken devlet, Bağdat'ta daha fazla nüfuz elde edecek ve Uzak Doğu üzerinde etkin olacaktır. Avusturya Manastırı'nın 1815'te Rich'e Bağdat Katoliklerinin himayesi ruhsatını vermesi, Bonaparte'a karşı Avusturya-İngiltere ittifakının bir uzantısıdır.[45] Heterodoks Yezidiler de Rich'in ilgi alanına girer. Rich, Yezidileri cesur, canlı ve misafirperver olarak tanımladıktan sonra İngiliz yönetimi altında onlardan pek çok mana çıkartılabileceğini[46] belirtir. Bayan Rich'in, kralın doğum günü kutlamalarına Bağdat halkının iştirak edişine yönelik değerlendirmesinde, İngiltere Kralı için Bağdat halkının *yeni padişahı* tabirini kullanabilmiş olması ve Rich'in Yezidilere yönelik görüşleri, hülasa kendilerine biçtikleri veya verilen misyonun kapsamı ile resmî görev kapsamları açık bir çelişki hâlindedir.[47] Bu faaliyetlerin Davut Paşa tarafından fark edilmesi ise konsolosla Valinin karşı karşıya gelmesiyle ile sonuçlanmıştır.[48]

Rich'ten sonra Bağdat Konsolosu olan ve Ermeni tebaadan bir hanımla evli olan Taylor'un (1822–1843)[49] Bağdat Ermenileri ile olan ilişkileri artık organik ilişkilerdir.[50] Şiraz'da okul müdürü olarak görev yapacak Zaremba adında bir Ermeni'nin maaşı, Misyoner Groves ve Taylor tarafından ödenir. Bu *kardeşlerinin*[51] yeterince Hristiyanlaşmadığını imlemek için Zaremba, hâlâ *keskin bir Ermeni* bulunarak eleştirilmektedir.[52] Ermeni

---

45 Abdülaziz Süleyman Nevvar, *Dâvud Bâşâ Vâli Bağdâd*, Dârü'l-Kitâbi'l-Arabî, Kahire 1967, s. 199-200.
46 Rich, *a.g.e.*, s. 88.
47 *BOA, A.DVN.DVE* (3) 396/6, 22 B 1224/ 3 Eylül 1809.
48 Rich, *a.g.e.*, s. 176. Bombay'a gitmek üzere Bağdat'tan ayrılmak zorunda kalan Rich, İran'ın Basra Körfezi kıyısındaki bu şehirde koleradan ölür ve oradaki Ermeni Katedraline gömülür.
49 Lorimer, *a.g.e.*, s. 2683.
50 Arbuthnott ve diğerleri, s. 100.
51 Groves, diğer misyoner meslektaşlarından bahsederken onları *brothers* ve *sisters* olarak zikreder.
52 Groves, *a.g.e.*, s. 73.

tüccarların bu süreçte din kitapları ticaretiyle iştigal ettikleri görülmektedir. Gerek İran gerek Osmanlı Devleti'ndeki kiliseler ve buralardaki papazlarla kadim ilişkileri olan Ermeni tüccarların, kitap ihtiyacı konusunda neredeyse bir tekel gibi çalıştıkları görülmektedir.[53] Bağdat'ta Alman Yahudilerinin faaliyetlerini de gözlemleyen ve onlarla rekabet içinde olan Groves, Bağdat Yahudilerine İngilizce ve Eski Ahit öğreterek onların tanassuruna vesile olacağına inanır. Bağdat Yahudilerinin misyonerlik faaliyetlerine karşı, buralı Müslümanlardan ve Hristiyanlardan daha tepkisel olduğu da kaydedilir.[54] Diğer taraftan yoksul Yahudi çocuklarının eğitim ihtiyaçlarının bir fırsat olduğu, acilen onlara İbranice olarak eğitim verecek personele ihtiyaç duyulduğu, bunun tanassur etmeleri için çok önemli bir aşama olacağı ifade edilmektedir. Bağdat'ta birçok Yahudi'nin İngiliz himayesinde olmasının işlerini kolaylaştıracağı da eklenmektedir.[55]

1848-1849 senelerinde "London Missionary Society" tarafından ilave bir görevle görevlendirilen devrin Bağdat Konsolosu Rawlinson (1843-1849 ve 1851-1855), bu maksatla Hristiyanların yaşadığı bölgelerde araştırmalar yapar. Kendisinden Hebrew lisanındaki birikimi[56] noktasında da istifade edilir.[57] Bir mektubunda *Türk Ermenistan'ı* diye bahsettiği bölgedeki

---

53 Groves, *a.g.e.*, s. 75.
54 Groves, *a.g.e.*, s. 71.
55 Groves,*a.g.e.*, s.. 25-26; Ebubekir Ceylan, *Ottoman Centralization and Modernızatıon in The Provınce of Baghdad(1831-1872)*, Boğaziçi Üniversitesi, Sosyal Bilimler Enstitüsü, Doktora Tezi, 2006, s. 52. Bağdat Yahudileri üzerinde bu derece neden durulduğuna, Bağdat'ın nüfus kompozisyonu açıklık getirmektedir. 1869'da Mithat Paşa'nın Bağdat Valiliğine getirilmesiyle birlikte yayına başlayacak olan Zevra Gazetesi'ni kaynak olarak kullanan Ceylan'ın kaydettiğine göre 1869 itibariyle toplam nüfusu 65.683 olan Bağdat şehir merkezinde Osmanlı tebaasından 9.325 Yahudi ve 1.258 Hristiyan yaşamaktadır

56 G. Rawlinson, *A Memoir of Sir Henry Creswicke Rawlinson*, Longmans, Green, and Co., New York ve Bombay, 1898, s. 157-158.

57 John Barrett Kelly, *Britain and the Persian Gulf*, 1795–1880, Oxford: Clarendon Press, 1968, s. 377.

Ermenilerin pozisyonuna yönelik değerlendirmeler yapar. Bu durum bir taraftan da Kırım Savaşı sonrasında Paris Konferansı'ndaki gayrimüslim tebaaya yönelik konuların savaş sürecinde belirginleşmeye başladığına da işaret etmektedir.[58] İngiltere'nin bu süreçte çekindiği konulardan birisi de, Rusların, Ermenileri kendi taraflarına çekerek Hindistan'a giden yeni bir kanalın bu vesileyle açılmasıdır.

1856 Paris Konferansı, meseleye bir de dinî boyut kazandırır. İngiltere, Osmanlı İmparatorluğu bünyesinde reformların uygulanmasının takibi çerçevesinde Hristiyan tebaanın himayesine soyunacaktır.[59] Bağdat Vilayeti'nde 1856'ya gelindiğinde Konsoloshane ile gayrimüslim tebaa arasında iktisadi çıkarlara da dayanan bir işbirliği çoktan tesis edilmiştir.[60] Kocabaşoğlu'nun *Islahat gözcülüğünden reform jandarmalığına* geçiş olarak nitelendirdiği bu süreçte, konsolosların istihbarat ve denetim fonksiyonu, İngiltere'nin Osmanlı içişlerine müdahale hakkını meşru hâle getirmiştir.[61] İngiltere, 1798'den beri himaye ederek kendisine bağlı ve bağımlı kıldığı gayrimüslim

---

58 PRO, FO 78/1018 /194, 13 Kasım 1854, Rawlinson'dan Earl of Clarendon'a; Cöhce'nin iddiasına göre İngiltere'nin Kırım Savaşı sırasında Rusya'ya karşı Osmanlı Devleti ile ittifaka girmesi, Rusya'nın Hindistan'a yönelik emellerini bertaraf etmeye yöneliktir. Salim Cöhce, "Ortadoğu Projesi Bağlamında Hindistan ile Ortadoğu Arasındaki Tarihi Bağlar ve Güncel İlişkiler / Historical Links and Current Relationships between India and the Middle East in the Context of the Greater Middle East Project", *Akademik Bakış*, C. 2, sayı. 3, Kış, 2008, s. 4.

59 Gordon. L. Iseminger, "The Old Turkish Hands: The British Levantine Consuls, 1856-1876", *The Middle East Journal*, Vol. 22, No. 3, Yaz, 1968, s. 298; Theophilus C. Prousis, *Brisitish Consular Reports From The Ottoman Levant in The of Upheaval, 1815-1830*, The isis Press, İstanbul, 2008, s. 49.

60 İlber Ortaylı, İkinci Abdülhamit Döneminde Osmanlı İmparatorluğu'nda Alman Nüfuzu, Ankara Üniversitesi, Siyasal Bilgiler Yayınları, Ankara, 1881, s. 49; BOA, Hatt-ı Hümayun: 1172/46390-A, 5 S 1254/ 3 Nisan 1838.

61 Uygur Kocabaşoğlu, *Majestelerinin Konsolosları, İngiliz belgeleriyle Osmanlı İmparatorluğu'ndaki İngiliz Konsoloslukları (1580–1900)*, İletişim Yayınevi, 2004, İstanbul, s. 41-42.

unsurlar üzerinde Paris Konferansı ile üstlenmiş olduğu *reform jandarmalığı* rolünü icra edebilecektir. Gayrimüslim tebaanın himayesi İngiltere açısından Irak içişlerine müdahil olmanın bir aracı olmakla beraber stratejik bir önem de taşımaktadır. Rawlinson'ın, özellikle Kırım Savaşı öncesinde ve sırasında Rusya'nın Hindistan'a ulaşma noktasında Irak gayrimüslimlerini kendisine basamak olarak kullanma tehlikesi ve Rus ajanlarının faaliyetlerini düzenli olarak İngiliz Dışişlerine rapor etmesi, savaş sonrası için İngiltere'nin Hristiyanların himayesi noktasındaki farkındalığını artırmıştır.

Ancak Hristiyanların bu şekilde himaye edilmesi Kürtlerin, özellikle Musul ve Süleymaniye'de tepkisi ile sonuçlanır.[62] 16 Mayıs 1854 tarihinde Musul Amerikan Misyonerlerinin bölgedeki İngiliz konsolosları ile işbirliği ve bu cemiyetlerin Konsolosluğun buradaki birikiminden istifade ettiği değişik kaynaklar tarafından teyit edilmektedir.[63] Başka bir evrak, Musul'da Kürtlerin isyanı ekseninde Fransız-İngiliz işbirliğini de göstermektedir.[64] Böylece Fransa karşıtlığı ile başlayan Bağdat temsili, 60 sene sonra Hristiyanların Rus nüfuzuna karşı himayesi için Fransa işbirliği ile devam etmiştir.

Bağdat'ta toplumsal dokuyu temelden sarsan ve sıkıntıları günümüze kadar süren Şiî unsurların kışkırtılması, İngiltere tarafından muhtelif araçlar kullanılarak yapılmıştır. Bunlardan biri de, Hindistan'dan Sultan Gaziuddin Haydar'ın (1814-1827) Necef ve Kerbela mücahitlerine dağıtılmak üzere bağışladığı ve *Oudh Bequest* adı verilen, dağıtımı 1840'lardan

---

62 PRO, FO 78/1018/ 79, 8 Mayıs 1854, Rassam'dan, Viscount Strattford De Redcliffe'e, Rassam'a göre isyancıların temel iddiası, Hristiyanların Müslümanların *sahibi/master* olmaya başlaması ve Müslümanların *köle/slave* statüsüne düşürülmesidir. Bu bakış açısının ülkede hızla yayılma tehlikesine dikkat çeken Rassam, Türk Hükümetinin önlem almaması durumunda buradaki yerlilerden sonra burada ikamet eden Avrupalılara sıra geleceğine dikkat çekiyor.

63 Ceylan, *a.g.t.*, s. 55.

64 PRO, FO 78/1018 /93, 30 Mayıs 1854, Rawlinson'dan Rassam'a.

I. Dünya Savaşı'na kadar sürecek olan büyük çaplı hayırdır.⁶⁵ Longrigg'in "İngiltere'nin hayırseverliği" olarak takdim ettiği⁶⁶ *Oudh Bequest* konusunda Litvak, farklı düşünür. Ona göre bu bağış, Şiî ulemanın Bağdat'taki önem ve kullanışlılığını anlayan İngiltere tarafından istismar edilmiş ve mirasa tevarüs edenler İngiltere'nin yanına çekilmiştir.⁶⁷

İngiliz Konsolosları gayrimüslim tebaadan başka Kürt ve Arap aşiretlerini de kendi yanlarına çekme yoluna gitmişlerdir. Bağdat Valileri, kuzeyde Kürt aşiretlerini, oluşturdukları siyasi ve askerî mutabakatın bir parçası hâline getirdikleri an Bağdat'ta siyasi istikrarı ve de İran sınırında sükûneti temin etmişlerdir. Nevvar, Rich'in Süleymaniye'de Baban Beylerini birbirlerine karşı kışkırtması sonucu bu beylerden Abdullah Paşa'yı kendi tarafına çektiğini tespit eder.⁶⁸ Rich, Süleymaniye Mütesellimi Mahmut Paşa'nın Davut Paşa'ya anlaşılmaz bağlılığının ve saygısının sadece dinî duygularından kaynaklandığını belirterek Mahmut Paşa'nın Davut Paşa'dan *"Efendimiz"* diye bahsetmesini *melankoli* olarak değerlendirir.⁶⁹ Kırım Savaşı sı-

---

65 Mier Litvak, *A Failed Manupulation: The British, The Oudh Bequest and The Shi'i Ulema of Necef and Kerbela*, British Jounal of Middle Eastern Studies, 2000, 27(1), s. 70–75.

66 S. Hamsley Longrigg, *Four Centuries of Modern Iraq*, Lebenon Bookshop, 1925, s. 279-280.

67 Litvak, *a.g.m*, s. 70.

68 Nevvar, *a.g.e.* ,s. 198.

69 Süleymaniye bölgesi ve çevresinde Davut Paşa'nın siyasi istikrarı teminine ilişkin Şânizade *Tarihi*'ndeki "…valileri olan Dâvut Paşa'ya itâ'at ve herhalde inkıyaad ederek mûmâ ileyh Ahmed Bey'in Kerkük'den tard u def'i husûsuna dikkat olunmak ve hilâfı hareket zûhur eder ise, mazhâr-ı te'dib olacakları bilinmek için Kerkük Kadısı'na ve Müftü ve Ulemâsına ve Dâvut Paşa'ya itâ'at ve emr u re'yine mütâba'at eylemeleri, Mardin, Nusaybin ve Erdebil (Erbil) ve Altın Köprü ve ol havâalide vâki' hükkâm ve sâ'ir lazım gelenlere…" yorumu, açıklık getirmektedir. Şânizade *Tarihi*, C. II, s. 782-783.

rasında ise Ruslar ve İngilizler Kürtleri kendi taraflarına çekme kavgasına girerler.[70]

Sonuç

Bağdat'ta Arap aşiretlerinin Osmanlı aleyhine kışkırtılmaları ve İngiltere tarafına çekilmeleri, Batı tipi Arap milliyetçiliğinin doğmasını ve buradaki sistemle çatışmasını da beraberinde getirmiştir. Doğal olarak mevcut yapıyla Batı tipi milliyetçilik arasında hem terim hem de tarihî arka plan açısından da uyuşmazlıklar olmuştur. *Bizatihî millet sözünün (nation) ve milliyetçilik (nationalisme) gibi terimlerin tercümesi olamayacağı açıktır.*[71] Babıâli ise bu yabancı müdahalelere Tanzimat'ın bölgede uygulanması, Mekteb-i Sultanîlerin yaygınlaştırılması, aşiretlerin iskânı, tarımın modernleştirilmesi gibi merkezî reform politikalarıyla mukabele etmiştir. Kurşun'a göre Babıâli'nin, eyaletin merkezle bağını güçlendirme siyasetinin uzantısı olan reformlar, İngiltere'nin nüfuz kurma tazyikini artırmıştır.[72] Ortaylı, 19. yüzyılda Osmanlı millet teşkilatının yeniden düzenlenmesini; asrın çetin şartları da göz önüne alındığında, dahiyane bir buluş olarak değerlendirir.[73] Özetle II. Abdülhamit devrinin, eğitimin geliştirilmesi, tarım ve idari alandaki reformlar ve Aşiret Mektepleri gibi uygulamalarıyla, Bağdat'taki birlikte yaşama kültürü restore edilmeye çalışılmış, ancak bu kültür I. Dünya Savaşı ile birlikte ortadan kaybolmuştur.

Kendisi de Iraklı olan Tikritî, Osmanlı yönetiminin bu çok uluslu, çok dinli ve çok kültürlü bölgedeki başarısını, I. Dün-

---

70 PRO, FO 78/704 /168, 6 Ocak 1847, Rawlinson'dan Viscount Palmerston'a ".. *Russian Agents of printed papers among the Kurds of Suleymaniye appears to so precise, and the intelligence agrees so well with his subsequent report to call* ...."

71 Ortaylı, *a.g.m.*, s. 398.

72 Zekeriya Kurşun, *Basra Körfezinde Osmanlı İngiliz Çekişmesi: Katar'da Osmanlılar 1871-1916*, Türk Tarih Kurumu Yayınları, Ankara, 2004, s. 42-43.

73 Ortaylı, *a.g.m.*, s. 394.

ya Savaşı'ndan bugüne değin yaşanmış gelişmelerin de ışığında şöyle değerlendirmektedir: "*19. yüzyıl'ın sonlarında bugün Iraklı denen insanların çoğunluğu, kendilerini, Basra'dan Bosna'ya, Kars'tan Kahire'ye kadar uzanan Müslüman Osmanlı teşebbüsünün üyeleri olarak hissederlerdi. Osmanlıdan bugüne Irak'ı yöneten modern yöneticilerin, dört yüz sene boyunca burayı yöneten Osmanlıların başardığı bağlılık ve birlik seviyesine ulaştıkları hayli şüphelidir. Irak'ı Osmanlılardan başka hiçbir güç, ne Babilliler ne Asurlular ne Acemler ne Romalılar ne Partlar ne Sasaniler ve hatta ne Abbasiler bu kadar uzun süre ve bu kadar iyi yönetebilmişlerdir.*" Bu kültürün yabancıların müdahalesiyle ortadan kalkması sürecinde paradoksal bir şekilde ve Tikriti'nin ifadeleriyle bir yandan İstanbul'da Mekteb-i Mülkiye gibi okullarda eğitilmiş Arap idareciler Osmanlı'ya karşı İngiliz teşvikiyle Modern Irak'ı kurmuş, diğer yandan Altıncı Ordu-yu Hümâyûn'da tecrübe kazanmış ya da Mekteb-i Harbiye'de eğitim görmüş Arap subay ve askerler de aynı dönemde Çanakkale'de şehit düşmüşlerdir.[74] Himaye ve misyonerlik faaliyetleri ile *yeni bir hayata* inandırılan gayrimüslim tebaanın çoğunluğu ise yurtlarını terk ederek başta Amerika olmak üzere çeşitli Batı ülkelerine göç etmişlerdir.

---

74 Al-Tikriti, *a.g.m.*, s. 210.